PRATIQUE DE L'ÉVEIL DE L'ÂME

PRATIQUE DE L'ÉVEIL DE L'ÂME

PRIÈRE, CONTEMPLATION ET ACTION

James O'dea

Traduit de l'anglais par
Serge Allaire

ADA ÉDITIONS

Éditeur : François Doucet
Traduction : Serge Allaire
Révision linguistique : Féminin pluriel
Correction d'épreuves : Émilie Leroux
Conception de la couverture : Félix Bellerose
Photo de la couverture : © Getty images
Mise en pages : Sébastien Michaud
ISBN papier 978-2-89786-568-9
ISBN PDF numérique 978-2-89786-569-6
ISBN ePub 978-2-89786-570-2
Première impression : 2018
Dépôt légal : 2018
Bibliothèque et Archives nationales du Québec
Bibliothèque et Archives nationales du Canada

Éditions AdA Inc.
1385, boul. Lionel-Boulet
Varennes (Québec) J3X 1P7, Canada
Téléphone : 450 929-0296
Télécopieur : 450 929-0220
www.ada-inc.com
info@ada-inc.com

Diffusion

Canada :	Éditions AdA Inc.
France :	D.G. Diffusion
	Z.I. des Bogues
	31750 Escalquens — France
	Téléphone : 05.61.00.09.99
Suisse :	Transat — 23.42.77.40
Belgique :	D.G. Diffusion — 05.61.00.09.99

Imprimé au Canada

Québec
Crédit d'impôt livres
Gestion SODEC

Financé par le gouvernement du Canada
Canada

Participation de la SODEC.
Nous reconnaissons l'aide financière du gouvernement du Canada par l'entremise du Fonds du livre du Canada (FLC) pour nos activités d'édition.
Gouvernement du Québec — Programme de crédit d'impôt pour l'édition de livres — Gestion SODEC.

Catalogage avant publication de Bibliothèque et Archives nationales du Québec et Bibliothèque et Archives Canada

O'Dea, James

[Soul awakening practice. Français]
Pratique de l'éveil de l'âme / James O'Dea ; traduction, Serge Allaire.
Traduction de : Soul awakening practice.
ISBN 978-2-89786-568-9
1. Âme. 2. Prière. 3. Vie spirituelle. I. Titre. II. Titre : Soul awakening practice. Français.

BD421.O3314 2018 128'.1 C2018-940614-3

Meher Baba
Avatar de l'éveil de l'âme

Remerciements

Je remercie sincèrement Kabir Helminski, Anodea Judith, Barbara Marx Hubbard, Ervin László, Mona Polacca et Michael Singer pour leur contribution essentielle à ce livre et Lynne McTaggart pour sa préface inspirée.

Je remercie tout particulièrement ceux qui ont reconnu immédiatement le pouvoir de la prière de l'éveil de l'âme et tous ceux qui l'ont adoptée sur une base régulière en tant que pratique spirituelle – y compris Cheyenne Mendel, Nico Kladis, Marika Popovits, Nora Tunney, William et Brahmi Howell, ainsi que Colleen Hall.

Je remercie ma famille bien-aimée et mes amis très chers : Michael Singer, Tanja Andrejasic-Weschler, Molly Rowan Leach, Ramloti, Marika Popovits, Burt Wadman, Robin Gurung, Seqouyah Trueblood, Suzanne Eugster et Jacqueline Zoe de Bray pour leur amitié de longue date et leur appui constant durant les épreuves déterminantes de la vie.

Un profond merci à mon éditrice de chez Watkins, Jo Lal, pour son encouragement inlassable et son soutien indéfectible et à mon rédacteur Bob Saxton pour son engagement au cœur et à l'âme de ce livre.

En terminant, je remercie Meher Baba d'être la source d'inspiration de ma vie et de mon travail.

Table des matières

Préface

DE LYNNE MCTAGGART

Auteure et porte-parole de la conscience, de la nouvelle physique et des pratiques de médecines traditionnelle et alternative.

Il est de plus en plus évident que nous n'avons pas respecté les règles qui nous régissent. Les fractures de notre modèle économique mondial — avec le fossé qui se creuse entre les riches et les pauvres, la menace terroriste sur toute la planète, les bouleversements politiques, la crise du réchauffement climatique et l'épuisement des ressources naturelles de la terre — tout cela suggère qu'il y a quelque chose de fondamentalement incorrect dans notre façon de vivre.

De nombreuses influences — dont la philosophie, la religion, l'histoire — ont façonné l'écriture de notre histoire, mais aujourd'hui son auteur principal est la science moderne, qui a façonné la plupart de nos opinions sur le fonctionnement du monde et de la place que nous y tenons. Depuis plus de 300 ans, en grande partie grâce aux découvertes de scientifiques britanniques tels Isaac Newton, et, ultérieurement, Charles Darwin, notre vision du monde a été façonnée par le principe de séparation et d'individualisation compétitives — d'entités distinctes et solitaires qui se battent pour leur survie dans un univers aux ressources limitées.

Avec l'expression « La survie du plus fort », Charles Darwin a lancé dans le monde une métaphore pour représenter l'expérience humaine : une *lutte pour la vie.* La compétition et l'appât du gain sont les moteurs qui dirigent la société de la majorité des pays modernes développés — moteurs de notre économie, voire de nos relations. Tout le monde ou tout peuple, prétendument, ne prospère qu'au détriment des autres. Cette métaphore de la somme nulle, qui est un leitmotiv dans la vie de chacun de nous, reflète la façon de penser qui a engendré chacune des crises internationales qui menacent de nous détruire.

Ce sujet scientifique est maintenant obsolète. Nous sommes à deux doigts d'une révolution scientifique qui remet en question chacune de nos précieuses croyances sur le fonctionnement de l'univers et notre manière de nous définir. Une toute nouvelle approche scientifique est en train d'émerger et elle renverse de nombreuses hypothèses newtoniennes et darwiniennes, y compris la prémisse fondamentale : le sentiment que notre monde est un ensemble d'entités distinctes qui luttent pour leur survie.

La dernière évidence issue de la physique quantique démontre que l'univers n'est pas un assortiment de phénomènes isolés opérant selon des lois immuables dans le temps et l'espace, mais une *relation* dynamique, un ensemble irréductible dans lequel on comprend maintenant que la matière existe dans un vaste réseau de connexions quantiques. Des pionniers biologistes, psychologues et sociologues ont tous constaté que les individus sont beaucoup moins individualistes qu'on le pensait. Les toutes dernières données révèlent que la coopération et le partenariat, plutôt que la domination, sont fondamentaux pour la composition biologique de tout ce qui vit sur terre. En fait, le but le plus fondamental de la nature n'est pas la compétition, mais l'unité.

Ces découvertes ont eu d'immenses répercussions, non seulement sur la manière dont nous choisissons de nous définir, mais également sur la façon dont nous devons vivre notre existence. Elles laissent entendre que la plupart de nous vivent à l'encontre de leur vraie nature. Mais l'application de ces leçons ne requiert rien de moins que de se redéfinir. Cela exige un changement radical du rapport à soi et à tout ce qui vit, une nouvelle façon de voir et de penser qui respecte l'unité et la connexion plutôt que la compétition et la séparation. Pour y arriver, on doit redéfinir ce que signifie être un humain. On a besoin de nouvelles règles de vie.

James O'Dea est depuis longtemps l'auteur passionné d'un nouvel ensemble de règles, d'abord en tant qu'ancien directeur du bureau d'Amnistie internationale à Washington, DC, puis comme président, et maintenant membre de la vaste faculté de l'Institut des sciences noétiques et codirecteur du Social Healing Project. Il est à la fois un visionnaire et un artisan de la paix ; en conséquence, sa définition de la paix va bien au-delà de la cessation des combats, ou de la victoire d'un camp ou d'un autre, parce qu'il reconnaît que la souffrance individuelle peut contaminer des sociétés entières. « Nous vivons, dit-il dans ce livre, dans un monde de blessures contagieuses. » Les sociétés divisées ne représentent pas simplement une guerre contre des individus ou des groupes ethniques, mais comme l'a déjà dit le théologien allemand Geiko Müller-Fahrenholz, « une guerre du monde contre lui-même ».

La mission de James O'Dea est d'aider les individus et les groupes à recouvrer leur sens de l'unité en unissant la voie des belligérants et en les amenant à se réconcilier et à se pardonner. Durant une décennie, lui et la docteure Judith Thompson ont animé le dialogue « de la compassion et de la guérison sociale », en provoquant une confrontation franche entre les membres de groupes sociaux et politiques très divisés – républicains et loyalistes d'Irlande du Nord, Turcs et Chypriotes grecs, Israéliens et Palestiniens – dans le but de guérir des blessures communes.

Tout au long de ces dialogues, James incitait les participants à moins mettre l'accent sur qui a raison et qui a tort, mais plutôt sur les blessures et la manière de les guérir. Il a découvert que certains processus d'écoute et de dialogue sont de puissants guérisseurs – beaucoup plus efficaces que le châtiment et même que la réparation. Leur efficacité provient de la déculpabilisation et de la dévictimisation permettant à chacun d'honorer la vérité profonde d'une expérience et ce qui le lie à cette situation. Au centre de ce processus, il y avait l'opportunité d'une compréhension profonde de la blessure et de la honte, ce qui, ultimement, était un déclencheur pour libérer les gens de la souffrance et de la culpabilité. Les deux camps étaient encouragés à se voir comme faisant partie d'un grand tout, et leur mésentente comme quelque chose ressemblant à une connexion interrompue.

Dans *Pratique de l'éveil de l'âme*, James a un but encore plus audacieux : établir une nouvelle conscience de l'unité et de la connexion. Ce livre est un guide d'instruction impénitent, bâti autour d'une série de méditations et de prières pour une nouvelle conscience évolutionnaire. Chaque élément a été soigneusement construit, parce que James comprend que les pensées – qu'on les exprime par la prière ou par l'intention – sont source de changements profonds. Grâce à la nouvelle science, nous savons maintenant que la pensée a la capacité extraordinaire de transformer la matière physique. Depuis des centaines d'années, on sait que les prières sont les paroles les plus persuasives qui soient : elles atteignent profondément l'âme, transportant avec elles la capacité mystérieuse de catalyser la transformation individuelle et collective.

Pour alimenter ses méditations, James fait appel à un éventail éclectique de leaders d'opinion issus d'une variété de traditions, allant de futurologues tels que Barbara Marx Hubbard et Ervin László, à des experts de la psychologie transpersonnelle et de la méditation tels qu'Anodea Judith et Michael A Singer, au soufi musulman Kabir Helminski et l'Amérindienne hopi Mona Polacca. Chacun offre des façons originales d'ouvrir le cœur, dissoudre les blessures et permettre à l'amour de circuler. L'ensemble de ces voix synergétiques offre une feuille de route détaillée d'un monde nouveau.

Ce livre est conçu pour être savouré lentement. Comme un Roumi contemporain, James O'Dea propose à chaque page de merveilleux encouragements, chacun étant une invitation à une façon de penser et d'être radicalement nouvelle. « Vous tendez l'oreille à l'insulte et à la dispute. Pourquoi ne pas tendre l'oreille à la paix ?, écrit-il. Si vous éprouvez de la difficulté à voir la condamnation passée de criminels, portez votre attention sur leurs blessures cachées. » Il nous rappelle constamment l'unité que notre humanité commune recherche, car : « La paix n'est pas l'absence de guerre, indique-t-il. C'est la présence omniprésente d'une connexion de compassion. »

Ne tenez pas pour acquis que ce livre est facile à lire. La *Pratique de l'éveil de l'âme* est conçue pour être un appel à un nouveau type d'armes, proposant une voie à tous les types de chercheurs spirituels. James essaie sans relâche de façonner un nouveau type de darwinisme qui honore la survie du plus aimant, « qui nous mène à travers le processus de sélection naturelle pour créer un avantage pour les êtres humains qui pratiquent la compassion et la collaboration ». C'est un livre qui exige un engagement actif et une pratique quotidienne — en fait, une révolution dans votre manière de vivre quotidienne.

Tel que le soutient puissamment le livre *Pratique de l'éveil de l'âme*, l'engagement spirituel est impératif sur le plan moral. Confrontés à quelques-uns des plus grands bouleversements et défis de toute l'histoire de l'humanité, nous faisons partie d'une des générations les plus importantes qui n'ait jamais vécu. Chacune des décisions majeures que nous prenons aujourd'hui affectera les enfants de nos enfants — et, certainement, le monde en permanence.

En cette période de bouleversement majeur, *Pratique de l'éveil de l'âme* offre un profond message d'espoir. « Les cycles (de blessure), écrit James, peuvent être habilement interrompus lorsqu'il y a un engagement pour la vérité qui permet aux gens d'exprimer ensemble leur douleur profonde et de rêver à une histoire nouvelle. »

Puisse ce livre être un catalyseur pour que vous voyiez grand.

Lynne McTaggart

INTRODUCTION

Ce livre porte sur la contemplation et sur l'action. Il s'agit du lien entre la quête intérieure de la révélation et la quête tout aussi significative de l'incarnation cohérente de cette révélation à l'extérieur de la sphère de nos parcours personnels et collectifs.

Dans un sens, la *Pratique de l'éveil de l'âme* est un guide spirituel, une lumière qui éclaire et guide notre transformation personnelle. Mais il tente aussi d'apporter la lumière et la sagesse de l'âme dans un monde qui a un urgent besoin d'une transformation sociale profonde. Il propose au chercheur un riche cadre de pratiques qui allie prière et mantra à une perspicacité et une inspiration passionnées, afin de procurer des moyens tangibles pour devenir des guerriers spirituels dans le monde, ou mieux encore, des artisans spirituels de la paix.

Avant d'expliquer comment se servir de ce livre, j'aimerais fournir quelques réflexions générales sur la prière.

La prière possède plusieurs visages et dimensions, mais on l'associe la plupart du temps à la supplication. On prie *pour* quelqu'un ou quelque chose. On prie pour des besoins pressants. On prie dans des situations critiques, ou quand on se sent perdu ou persécuté. La prière devient un service d'assistance téléphonique vers Dieu lorsqu'on est désespéré.

La prière est aussi une façon d'exprimer la gratitude – pour des rapports affectueux, pour la santé, pour le succès, pour des ressources, pour la chance, pour la fin d'un procès et pour des prières exaucées.

Il y a aussi une riche tradition de la prière en tant que canal pour louanger et affirmer les qualités de Dieu et la magnificence de l'amour, de la justice et du pardon divins. De telles prières servent souvent à réaffirmer une théologie particulière ou un système de croyances.

« Demandez et vous recevrez » est encore un concept dominant dans l'imaginaire populaire, mais *la manière* de demander s'est beaucoup transformée. Le mouvement de la Nouvelle Pensée a ajouté une dimension à la prière suppliante qui supprime le besoin anxieux de la personne qui prie, en remplaçant le sentiment d'inaptitude – un manque qui doit être corrigé – par une affirmation positive. La gratitude et la louange sont intégrées dans un nouvel état de conscience dans lequel tous les besoins sont comblés. On entre dans la gratitude et la louange pour s'aligner entièrement au divin et célébrer sa perfection. Ainsi, la conscience se transpose en mode solution, au lieu d'être piégée dans un tourbillon de besoins non satisfaits. Cette approche met davantage l'accent sur l'état de la personne lorsqu'elle prie. Cette façon de faire rapproche la prière de l'état méditatif, dont le but est d'être plus intuitif.

Le mouvement de la Nouvelle Pensée et celui de la psychologie positive se sont renforcés l'un l'autre. La psychologie positive nous presse de passer moins de temps à analyser les problèmes et davantage de temps à mettre de l'énergie sur des solutions. Dans le même temps, la neuroscience contemporaine a confirmé notre capacité de créer de nouvelles voies neuronales lorsqu'on s'engage dans de nouvelles manières de penser et qu'on change son style de vie. Plutôt qu'être coincés dans des états de déresponsabilisation, où nous implorons de l'aide, nous pouvons prier pour que notre imagination positive établisse de nouvelles connexions dans le cerveau.

Ces avancées se synchronisent également avec les connaissances qui émergent de la recherche sur la conscience, qui a révélé le rôle déterminant de l'attitude, des croyances et de la conception du monde pour orienter le comportement. D'une certaine façon, on peut se trouver en train de prier, mais croire, en son for intérieur, en quelque chose de totalement différent. Notre conditionnement s'ancre profondément dans notre inconscient, là où d'anciennes croyances oubliées entraînent et contrôlent nos réactions. Lorsque nous prenons conscience de ces croyances intégrées provenant de notre histoire personnelle ou culturelle, nous pouvons les transformer pour qu'elles s'harmonisent aux changements qui ont lieu dans notre propre expérience ou dans le monde en général. Toute notre conception du monde peut alors se transformer pour instaurer une nouvelle compréhension de soi et de la nature de la réalité.

On ne peut désormais plus séparer la prière de ce que nous avons appris de la science corps-esprit contemporaine, avec notre compréhension accrue de l'attention et de ses effets sur l'*intention*. L'intention agit comme un système d'orientation de l'endroit où vous portez votre attention : sans intention claire, votre esprit erre partout. Les limites de ce que nous considérons une prière s'élargissent. Un travail remarquable a été accompli par Lynne McTaggart, en intégrant les perspectives scientifique et spirituelle qui explorent le potentiel extraordinaire de l'intention collective.

Nous savons aussi maintenant qu'amener le cœur en *cohérence* avec la respiration profonde consciente accompagnée par des sentiments d'amour et de gratitude modifie positivement la biochimie du sang, entraîne une résonnance apaisante au cerveau et favorise un sentiment général de bien-être. Il n'est donc pas surprenant que le cœur joue un rôle déterminant dans la prière, mais notre compréhension de cette pleine synchronisation du système corps/esprit est relativement nouvelle.

Bien sûr, les anciens, ainsi que les mystiques des grandes traditions spirituelles, comprenaient, expérimentaient et pratiquaient cette profonde harmonisation cœur-corps-esprit. En Orient, en plus d'un éventail complexe de méditations éclairées et de disciplines yogiques de l'hindouisme et du bouddhisme, le *mantra* a été une pratique clé dans la création d'une pleine conscience résonnante, profonde et focalisée. Par la répétition de sons, de chants, de psalmodies ou de courtes phrases sacrés, l'attention du chercheur est concentrée sur un thème divin. Parfois, le mantra est accompagné d'une visualisation. L'alchimie de la respiration, du son, de la vibration et du sens crée une expérience corps-esprit complète.

Par cette alchimie, la conscience du chercheur accède à des états supérieurs de compassion, de bonté et de subtilité, et elle est aussi exposée à une profonde vérité.

En Occident, le soufisme a sa propre pratique du mantra, appelé « dhikr ». Le dhikr est essentiellement le souvenir de Dieu et l'affirmation des qualités de Dieu par la répétition de phrases sacrées et des noms de Dieu. Ses partisans prônent que la pleine conscience est située au centre du cœur. Comme avec d'autres pratiques de contemplations et de prières, le dhikr est une manière de cultiver une expérience de réalité augmentée dans notre vie quotidienne. On a souvent superbement exprimé le dhikr par le mouvement et la danse sacrée.

Le judaïsme aussi possède de riches traditions d'expression à l'aide de sons sacrés, tandis que les Amérindiens et d'autres cultures chamaniques s'expriment par des chants et des battements de tambour. De telles pratiques du mantra peuvent mener à des états de conscience extraordinaires, à des expériences d'énergie subtile, à une connaissance radicale et à un état d'admiration et de révérence extatiques.

Dans le mysticisme chrétien, on fait la distinction entre les diverses formes de prière psalmodiée intérieurement et extérieurement et la subtilité d'une expérience intime de la présence divine. Ce qui est reconnu dans la chrétienté comme une *prière contemplative* est le renforcement constant de la relation avec Dieu : la prière contemplative est, par essence, une méthode menant à une expérience continue de l'être divin. L'accent est mis sur le fait d'être nourri et protégé par un Dieu aimant dont la présence est ressentie dans tous les aspects de la vie d'une personne. Les contemplatifs savent que tous les bruits et toute l'agitation ne sont que de minuscules ondulations à travers un silence omniprésent derrière l'univers visible – le lieu dans lequel, disent-ils, on peut entendre la voix de Dieu. Comme les prières du cœur (récitées intérieurement ou extérieurement), la prière contemplative apaise l'esprit et permet d'être saturé de la présence de Dieu, ce qui comble d'amour, de connaissance et de guidance.

On ne devrait pas se préoccuper de la manière qu'on emploie les mots – l'essentiel est d'enrichir son être profond. Un nombre croissant de personnes ont choisi la pratique de la méditation orientale pour cultiver la pleine conscience, un état d'amour bienveillant ou d'union avec le gourou, et on peut, à ces fins, utiliser ou pas un mantra. Dans la spiritualité occidentale, la méditation est pratiquée de manière à méditer *sur* quelque chose, par exemple sur un aspect ou une qualité du divin. Dans le bouddhisme, on libère l'esprit. La « prière du cœur » telle qu'enseignée par le frère Lawrence emploie des mots, tandis que dans la pratique bouddhiste vipassana, on évoque la nature de la réalité dans une respiration silencieuse. Mais peu importe le moyen, le but du chercheur est d'acquérir une guidance intime et de la perspicacité.

Toutes ces formes de prière et de méditation mystiques allient deux tendances complémentaires. La première est de *donner* de l'attention provenant du cœur ; l'autre, de *recevoir* une connexion avec la réalité supérieure – qu'on décrit comme une immersion dans la

Présence, le toucher du Bien-aimé, le cadeau de l'Illumination, la Connaissance/Sagesse parfaite ou un aperçu de l'Unité. Même si, dans certains cas, l'expérience mystique a lieu dans un espace cérémoniel réservé à cette fin, le but n'est pas qu'elle soit un échange ritualisé, mais plutôt une communion intense et qui ouvre l'âme.

C'est dans cet esprit de donner et recevoir que j'ai accueilli la prière de l'éveil de l'âme. Je perçois cette prière comme une *communion*. Quand on communie, il y a une connexion intime qui évoque des états subtils de conscience. Débarrassé de la syntaxe du langage, on éprouve un lien profond.

La communion crée un environnement où les frontières se dissolvent et l'esprit s'imprègne de résonnances qui font vibrer tout notre être. Comme dans le monde des rêves, on accède à un langage de significations archétypales multiples. On pourrait comparer cela à la réalité quantique qui ouvre un univers défiant les règles de la physique mécanique. Une fois affranchi de la logique linéaire, on peut véritablement expérimenter des transformations immenses de la conscience et acquérir une connaissance précieuse.

Dans ce que je nomme « prière de communion », au lieu d'être des ancrages, les *mots* deviennent des voiles qui atteignent les vents de la transmission subtile et qui nous transportent dans un territoire de rencontres et de révélations spirituelles. Ces mots peuvent être très simples, mais très efficaces pour nous faire passer de l'esprit bavard de l'ego dominateur à un lieu de connexion intime, calme et altruiste, où la réalité est supérieure. Les gens qui ont utilisé la prière simple de l'éveil de l'âme, telle que présentée dans les pages qui suivent, ont rapporté avoir expérimenté un flux de transmission en cascade lorsqu'ils passent d'une affirmation à l'autre.

Les prières de communion qui sont un vrai cadeau d'une réalité supérieure émanent de ce que les mystiques appellent le « mystère sacré ». Elles sont des instruments de transmission provenant de la source supérieure. Elles sont tout à fait cohérentes et révélatrices. Alors que de telles prières évoquent une intimité personnelle et s'adressent directement au cœur, elles révèlent aussi des principes impersonnels de vérité indéfectible, nous demandant de faire taire les appels de l'ego et d'offrir plutôt notre service à ce monde blessé selon nos compétences.

Je me permets de préciser l'importance de la « cohérence », car de nos jours, on tend plutôt vers l'*incohérence*. En cette époque moderne en Occident, la croyance est souvent présentée comme une liste de choix. Nous naviguons imparfaitement entre les différentes options, glanant ici et là dans une panoplie de « faits », de principes et d'opinions à demi assimilés, sans trop savoir ce qui est fondé et ce qui est vrai. Malheureusement, notre vision de l'esprit — de tout ce qui est d'une importance cruciale dans notre vie — peut devenir laborieuse et incohérente. Voilà pourquoi, en plus de la prière de l'éveil de l'âme, je présente dans ce livre des réflexions contemplatives destinées à activer une transformation personnelle et collective cohérente.

Comme antidote à tout ce chaos, la *Pratique de l'éveil de l'âme* propose une vue d'ensemble extrêmement cohérente — une carte de route qui intègre à la fois sagesse ancienne et science et psychologie modernes. Elle vous convie à intégrer la contemplation et l'action dans votre pratique spirituelle quotidienne.

En accord avec ces principes, j'ai demandé à des personnes exceptionnelles en science, en cosmologie, en théorie de l'évolution, en yoga, en sagesse soufie et indigène, de proposer différentes perspectives afin de fournir des connaissances précieuses à ce livre. Je crois que ces différents apports s'harmonisent parfaitement avec la prière, avec mes propres réflexions sur la contemplation, et avec les 15 concepts spirituels fondamentaux que je présente dans la dernière partie du livre pour créer une profonde cohérence.

Mes réflexions sur la contemplation relient tous ces éléments à la fois séparés et complémentaires dans un cadre qui permet au lecteur de ralentir et d'intégrer les idées dans un état de prière. Cet ouvrage est un livre de prières moderne.

C'est un livre de prières contemplatives et une pratique pour les militants évolutionnaires, pour les écologistes convaincus, pour les chercheurs spirituels engagés dans un renouveau passionnant et pour tous ceux qui ont soif d'une vision du monde spirituellement cohérente. Dans ce creuset de changements intenses et rapides que nous vivons tous, j'espère que vous trouverez tout au long de ces pages l'inspiration et la guidance nécessaires pour éveiller l'âme personnelle et planétaire. D'abord et avant tout, nous avons besoin d'incarner nos prières et nos méditations en pratiques transformationnelles afin de recréer notre monde à l'image de la vraie sagesse de notre âme.

Puissent les prières pour une humanité transformationnelle universelle communiant de concert faire rayonner la paix dans tous les êtres, la nature, tous les systèmes de gouvernance, le commerce et la communauté.

La prière de l'éveil de l'âme

L'âme s'éveille
Le cœur s'ouvre
La lumière brille
L'amour afflue
Les blessures se dissolvent
La paix rayonne

Comment utiliser la pratique de l'éveil de l'âme

LA PRIÈRE DE L'ÉVEIL DE L'ÂME

La prière de l'éveil de l'âme, présentée intégralement à la page 13, n'a que six lignes. On dit cette prière une fois, une phrase à la fois, dans l'ordre indiqué. On récite toute la prière quatre fois. Avec toutes ces répétitions, la prière révèle un univers spirituel de pouvoir et de beauté.

Permettez-vous d'entrer dans un état de tranquillité afin de communier avec le Soi supérieur, puis dites une fois à voix haute chaque phrase de la prière ou à voix basse au fond de votre cœur. En répétant la prière, il est bon de diriger votre intention en commençant par vous concentrer sur vous et étendre graduellement votre concentration jusqu'à ce qu'elle devienne collective. Autrement dit, durant que vous répétez toute la prière, à voix haute quatre fois comme je l'ai déjà mentionné, vous passez de l'intention personnelle à l'intention planétaire, comme je vous l'explique ci-dessous :

Premièrement

Durant que vous dites à voix haute ou à voix basse dans votre cœur chaque ligne de la prière, visualisez votre âme s'éveiller, votre cœur s'ouvrir, la lumière briller dans votre cœur et votre esprit, l'amour circuler à travers vous, toutes vos blessures se dissoudre et la paix rayonner du centre de votre être.

Deuxièmement

Concentrez-vous sur quelqu'un avec qui vous souhaitez communier, un enfant, un être cher ou un ami, ou quelqu'un vers qui vous souhaitez diriger une intention spéciale. Vous pouvez visualiser l'éveil de l'âme, l'ouverture du cœur, l'éclat de la lumière, le flot de l'amour, la dissolution des blessures et le rayonnement de la paix de cette personne. Vous pouvez aussi concentrer cette seconde étape sur ceux qui récitent physiquement la prière avec vous – votre âme sœur ou le groupe de prière.

Troisièmement

Visualisez maintenant le processus de l'éveil de l'âme s'élargir pour y inclure et toucher tous ceux avec qui vous êtes connecté – la famille, les amis et les collègues. Sentez l'énergie de la prière onduler et résonner à travers le champ de toutes vos connexions.

Quatrièmement

Les quatre répétitions de la prière se terminent par une visualisation de l'éveil de l'âme au niveau planétaire, une ouverture collective du cœur, la lumière qui resplendit dans le cœur de tous les êtres humains, par l'amour qui circule à travers toute l'humanité, par toutes nos blessures qui se dissolvent et par la paix qui rayonne sur toute la terre.

On pratique au quotidien la prière de l'éveil de l'âme seul, en couples et en petits groupes de prière. Elle a aussi été utilisée pour ouvrir des réunions de conseils, des conférences spirituelles et des retraites.

LES RÉFLEXIONS CONTEMPLATIVES, LES ESSAIS ET LES 15 CONCEPTS SPIRITUELS CLÉS

Les réflexions contemplatives sur chaque phrase de la prière sont conçues pour vous aider à approfondir subtilement votre pratique de communion avec la réalité supérieure et pour toucher votre imagination de façon à déclencher l'éveil, la connaissance et l'action. À tout moment, lisez-les lentement et attentivement, en les absorbant profondément dans les fibres de votre esprit. Prenez une inspiration profonde avant de passer à une autre page. Laissez les pensées exprimées devenir une seconde nature pour vous.

Traitez les courts essais comme un moyen supplémentaire d'approfondir votre pratique en vous exposant à une sagesse pertinente. Si vous ne comprenez pas un des aspects soulevés, laissez-le quand même pénétrer votre esprit : ayez confiance en leur authentique sagesse de l'âme.

Les 15 concepts spirituels clés à la fin du livre vous aideront, espérons-le, à renforcer les idées importantes sous-jacentes.

Laissez la lumière dans votre cœur guider votre chemin.

Réflexions contemplatives sur

L'âme s'éveille

L'éveil de l'âme est un des événements les plus spectaculaires de tout l'univers. Il est d'une importance incommensurable.

Jusqu'au moment où votre âme commence à s'éveiller, elle était comme une graine qui n'était pas encore complètement ouverte. L'enveloppe de votre âme – sa cosse – est votre mental avec son large éventail d'impressions qui évoluent lentement par l'expérience directe. Le noyau de la graine qui attend de pousser est votre Soi éternel.

Vous avez fait un très long voyage en traversant des vies remplies d'expériences diverses et considérablement ardues. Chaque expérience significative est une partie d'un continuum lié à des vies connectées agissant comme un témoignage de votre évolution vers un éveil éventuel de l'âme.

Toutes ces expériences difficiles secouent la cosse qui recouvre votre âme, forçant inexorablement sa fissuration et son éveil final vers sa destinée sacrée.

Le voyage de votre âme a commencé bien avant ses incarnations. Elle a d'abord voyagé à travers l'évolution de la nature avant de s'éveiller dans une conscience humaine. Ainsi, chaque être humain naît comme un hologramme de l'unité de la création et comme un accomplissement du but de l'évolution spirituelle.

Avant qu'elle s'éveille complètement, l'âme est un témoin caché de tout le processus évolutionnaire. Comme le révèle si brillamment votre ADN, la vie humaine et toute la vie sur la planète Terre font étroitement partie d'une histoire en réelle évolution.

La joie du dauphin, la transformation ingénieuse de la chenille, la majesté du jaguar et la liberté vertigineuse de l'aigle sont imprimées dans la conscience du champ collectif de l'apprentissage prodigieux de la vie. Célébrez cette lignée de l'émergence créative de la nature dont vous faites partie intégrante !

Depuis le noyau central de l'évolution, l'âme commence à s'éveiller dans le champ de la conscience humaine, avec son vaste potentiel, où elle vous révélera enfin vos origines les plus sacrées et votre destinée ultime du retour à la Source.

Votre âme doit d'abord expérimenter l'intensité farouche de vies comportant des circonstances radicalement différentes avant qu'elle puisse s'éveiller complètement. Puis, l'éveil a finalement lieu au cours d'une vie comportant une puissante percée spirituelle.

Quand vous êtes prêt à voir à travers la nature illusoire de tout ce qui divise l'humanité et quand vous êtes attiré à servir passionnément les nombreux rebondissements de l'histoire de l'unité de tous les êtres, votre âme a la capacité de faire briller sa lumière extatique omnisciente dans votre cœur. Vous vivez la naissance de l'intuition supérieure guidée par l'âme.

L'âme commence enfin à imprégner votre conscience comme le porteur éternel de l'amour universel et comme la sagesse lumineuse de l'unique Source de toute vie. Vous vous sentez rayonner d'un feu qui vous appelle à être encore plus fidèle à votre Soi supérieur émergeant avec une nouvelle responsabilité dans un monde hautement contesté.

L'âme vous demande d'arrêter de vous cacher. Elle vous pousse au-delà de vos limites. Elle sait que vous devez vous envoler ou vivre votre quête de sens. Un faux sentiment de sécurité est toujours ce qu'on perd en premier. Il ne peut y avoir de protection quand vous faites le plongeon vertigineux de l'illusion à la réalité.

L'éveil de votre âme est d'une telle importance cosmique qu'il vous éclaire sur la nature et le but de la création, et explique pourquoi nous sommes ici sur terre. Les secrets de la divinité sont partagés. Vous pouvez maintenant quitter les confins des limitations suffocantes qui ont réprimé votre force vitale.

L'âme prend l'argile dispersée de votre vie pour la modeler et la cuire afin de produire un calice vivant d'une beauté et d'une grâce quasi insoutenables. Vous êtes un esprit qui se manifeste dans un monde rampant hors de la boue de son propre chaos, de son exubérance créative et de sa souffrance.

La seule tâche de l'âme est d'attirer la conscience vers l'intérieur et l'élever dans ce long voyage de retour vers la Source unique. La cacophonie et la confusion de votre esprit turbulent se dissolvent en présence de la clarté pénétrante et la connaissance supérieure de la réalité infinie, éternelle et indivisible.

En s'éveillant, votre âme commence à imprégner votre psyché avec la plénitude, votre cœur avec l'harmonie subtile de l'amour et votre esprit avec une lucidité visionnaire et une conscience morale vibrante. Vous êtes sur le point de devenir une nouvelle création. Mais le monde fabriquera toujours de la méchanceté, de la vulgarité et de l'égoïsme pour tenter de miner votre progrès, pour qu'il puisse vous attacher à la fausse sécurité du statu quo.

Le voyage de l'éveil de l'âme nous amène inévitablement d'une souffrance vraisemblablement implacable à un état de célébration profonde. Une fois que nous avons expérimenté la célébration de la vraie nature de notre âme, nous dansons avec une passion inlassable pour cette nouvelle vie et ces nouvelles formes de guérison, de paix et de justice.

L'intellect peut concevoir et explorer de nouveaux mondes, mais c'est l'âme éveillée qui synchronise le corps, le cœur, le mental et l'esprit. L'âme entraîne la vérité universelle dans une concrétisation visionnaire et se manifeste comme une créativité évolutionnaire en action.

Le mental s'égare dans des fantaisies, tandis que l'âme nourrit l'imagination pure, contenant tous les codes qui nous sont nécessaires pour manifester la guérison planétaire et un profond renouveau social. La perfection émerge de l'imagination pure et du courage éveillé pour incarner l'appel de l'âme. Le grand jeu de l'évolution consiste à élever chacun de nous afin de jouer de manière créative dans l'imagination de Dieu.

L'essence de l'âme est tellement reliée à la Source qu'elle se révèle n'être rien de moins que la graine de Dieu ensemencée en nous. Dieu reste caché dans notre âme jusqu'à ce que nous entendions l'appel à l'unité parfaite, que nous nous engagions au service désintéressé et que nous osions vivre dans un état vraiment éveillé d'audace divine.

Non seulement l'éveil de l'âme est un signe annonçant un profond changement du cœur dans votre vie, mais c'est aussi l'entrée glorieuse de la grâce sur le chemin de la spiritualité et des exigences rigoureuses du retour à la maison divine tout en manifestant simultanément l'expression de l'amour universel en action ici sur terre.

Pendant que votre âme s'éveille, vous recevez votre vrai travail spirituel. Votre être entier commence à modifier son axe pour devenir un ambassadeur authentique et courageux de la vérité universelle et de l'amour inconditionnel. On vous demandera de détruire toutes les frontières d'intérêt personnel étroit qui subsistent. Vivre une vie spirituelle requiert un héroïsme véritable, puisqu'une telle vie défie inévitablement la droiture moralisatrice de la conformité religieuse et sociale.

L'âme ne peut jamais revendiquer sa supériorité : elle émane d'une réalité qui respecte tous les aspects de la vérité et allume les principes spirituels transcendants qui deviennent ainsi une expression d'amour et de miséricorde.

L'éveil de l'âme est l'invitation de votre essence à vous ramener vers l'être infini. C'est la vie tant attendue dans laquelle vous ne vous détournerez jamais plus de la voie.

*Contemplez le long et ardu voyage
qui vous a amené jusqu'ici et
soyez reconnaissant pour tout. Oui,
reconnaissant, pour toutes ces vies
qui vous ont amené à travers le chaos,
le bouleversement et l'extase
de votre devenir.*

Cet esprit avide qui vous a mené à cette place doit être dissous maintenant. Vous devez abandonner tous vos bagages. Une bonne pratique spirituelle contribuera à nettoyer votre inconscient où se situent la plupart de vos modèles réellement débilitants.

Vous devez maintenant laisser tomber tout ce à quoi vous vous êtes accroché le long du chemin afin de vous abandonner au plan divin de la création. L'âme s'éveille lorsque vous ne vous accrochez plus à l'étroite réussite personnelle et au besoin mesquin de l'ego d'être reconnu. Contemplez votre grandeur inégalée qui existe sans l'ego.

Vos mains sont vides et vos bras grand ouverts alors que vous embrassez la vérité de la plus profonde identité de votre âme et de sa mission créatrice en manifestant une conscience évoluée. Vous êtes une graine du cosmos en devenir : restez ouvert. Ce qui va se dérouler va vous éblouir : ce n'est pas un parcours pour un radin.

Au-delà de la mémoire personnelle,
vous vous souvenez de qui vous êtes :
un esprit d'une pure lucidité.

Dans l'éveil de l'âme, le cœur de votre être se reconnecte consciemment avec le cœur de l'univers. La communion intime avec le cosmos qui se manifeste à travers et au-delà du physique devient votre boussole intérieure pour le voyage du retour à la maison. Vous êtes enfin libre de vivre la grande histoire et d'explorer la beauté sauvage des profondeurs de votre Soi alors qu'il voyage dans l'espace profond de la réalité.

L'éveil de l'âme suscite dans votre cœur la vénération pour toute vie et le désir profond de servir et de protéger tous les êtres. L'éveil de l'âme dissout la séparation. C'est la commémoration de toute la vie, de toute la réalité du système. Ainsi, l'éveil de l'âme apporte plus de solutions holistiques intégrées.

L'âme nous demande de vivre passionnément et courageusement et de posséder notre ombre. L'âme sait que l'énergie piégée est toujours une forme d'énergie et que cette énergie peut être libérée. On appelle l'énergie piégée : culpabilité, honte, frustration, etc., mais ce sont toutes des énergies qui attendent d'être libérées des états denses de la conscience pour devenir plus subtiles et raffinées.

L'âme sait que, même si le processus peut prendre une éternité, tous les êtres seront un jour libérés des énergies de la cupidité destructrice et des conflits violents. Cette connaissance est la mère de l'activisme de l'âme et de la conscience.

Permettez au sentiment d'admiration de remplir votre conscience lorsque vous percevez la profondeur et la beauté de l'éveil de votre âme.

Rappelez-vous que votre âme est un hologramme de votre véritable identité et de votre objectif en tant qu'être universel et local. Votre adresse locale sur la planète n'est pas du tout votre destination finale. Mais elle est votre passeport pour le cosmos.

L'éveil de l'âme allume un feu de transformation irréversible dont l'histoire prend fin seulement dans notre expérience collective d'illumination et de paix. Chaque âme aide à libérer d'autres âmes quand l'éveil a lieu. Pensez combien d'âmes s'éveilleront parce que vous avez commencé à vivre en vous fiant à votre nature véritable.

Émergeant de la boue, le lotus capture la lumière et la beauté. Vous êtes la boue et vous êtes le lotus dans ce voyage épique de l'éveil de l'âme. Ainsi en est-il pour tous. Une grande civilisation planétaire animée par l'âme surgira de l'ombre, mais il y aura une lutte puissante de l'humanité en évolution, nous permettant enfin de nous épanouir dans la lumière de la paix, le spectre complet de la beauté dans la diversité et la restauration d'une harmonie profonde avec la nature.

L’âme s’éveille

DE BARBARA MARX HUBBARD

Auteure de sept livres traitant de l’évolution sociale et planétaire, et réalisatrice de documentaires, Barbara Marx Hubbard est cofondatrice de World Future Society, de l’Association for Global New Thought et de la Foundation for Conscious Evolution.

À l’âge évolutionnaire, l’éveil de l’âme devient l’expression de la conscience du processus de création incarnée de manière unique en chacun de nous.

La « vocation de notre destin » est l’impulsion de l’évolution émergeant comme notre passion *d’être* davantage, *d’aimer* davantage, de *créer* davantage.

Cette passion de créer est l’expression du génie de l’évolution qui anime l’essence même de notre être. L’éveil de l’âme est la façon que Dieu utilise pour faire évoluer les êtres humains. C’est Dieu prenant forme humaine pour que les humains puissent Lui ressembler.

L’accomplissement de l’éveil de l’âme est notre union avec le Dieu intérieur. L’impulsion et l’individu ne font qu’un.

Un nouvel humain est en train d’évoluer alors que l’impulsion de la création s’incarne en nous. Nous sommes guidés intérieurement par l'amplitude du plan de l'évolution lorsqu'il influence nos aspirations. La vocation de notre destin est l'impulsion du processus créatif qui se concentre pour devenir notre unique désir d'évoluer.

L'éveil de l'âme incite à être cocréateur avec le Divin.

En ce début de l'ère de l'évolution consciente dans laquelle nous vivons, l'âme s'exprime de plus en plus. Nous sommes «la première génération». Il n'y a pas d'anciens. Personne sur terre n'a traversé internationalement toutes les crises et les circonstances de cette ampleur. Notre génération fait face à l'interruption de la vie sur terre causée en partie par nos agissements.

En tant que première génération à vivre cette crise évolutionnaire et à avoir cette opportunité, nous sommes motivés, chargés, enthousiastes d'exprimer l'éveil de notre âme d'une façon nouvelle et essentielle.

De nombreux systèmes sur terre ont échoué. Pourtant, en même temps, des innovateurs, des cocréateurs, des amants de la vie nous proposent de nouveaux systèmes. Nous sommes tous appelés à prendre le leadership de la création d'un monde nouveau plus sain.

En disant oui à la vocation de notre destin, nous sommes de plus en plus stimulés par le processus créatif. De nouveaux humains naissent dotés d'une âme qui s'éveille à ce moment particulier de la transformation sur la planète Terre.

Nous faisons tous partie du corps planétaire. Tout l'organisme planétaire s'inscrit dans cette grande tradition d'évolution échelonnée sur plusieurs milliards d'années.

Nous nous éveillons tous en tant que membre de ce corps planétaire, nous intégrant à un tout nouveau système, peu importe si nous nous aimons les uns les autres. Nos systèmes de communication établissent des liens à travers un vaste réseau mondial, notre environnement est entièrement interconnecté, nos systèmes de défense pointés les uns sur les autres comportent des armes thermonucléaires qui ont la capacité de détruire toute vie sur terre.

Mais en même temps, nos nouvelles capacités en particulier dans le domaine de la haute technologie – nanotechnologie, biotechnologies, ordinateurs quantiques, robotique, intelligence artificielle et bien davantage – nous confèrent les pouvoirs des dieux. Nous devenons une nouvelle espèce : *l'homo universalis*. Par notre génie technique, nous pouvons restaurer la terre, éradiquer la faim, les maladies et la guerre, et explorer les vastes étendues de notre espace intérieur et du cosmos au-delà de notre mère, la Terre.

Les crises que nous vivons donnent naissance à une espèce universelle. Nous sommes la première génération de cette « naissance ».

L'éveil de l'âme de cette génération entre dans une nouvelle phase de connexion, où chacun est appelé à jouer son rôle. L'âme exprime non seulement la félicité mystique de l'unité avec le Tout, elle vit en nous aussi avec le désir ardent de créer, de réaliser notre potentiel unique par des fonctions spécifiques nécessaires durant les crises de la naissance.

Tout le monde a un rôle à jouer. Tout le monde est appelé.

Quelle est notre expérience de l'âme à ce stade de la naissance planétaire ? Elle exprime plus clairement que jamais son désir. L'évolution aspire à plus d'intimité, à plus d'amour.

Nous avons tous un souvenir du passé aussi bien que du futur qui est encodé dans nos cellules.

Dans l'utérus de notre mère, nous avons expérimenté toute l'histoire de l'évolution – à commencer par notre propre vie comme simple cellule, puis toutes les cellules qui travaillent en équipe, un poisson, un mammifère, une forme de vie primitive humaine et un nouveau-né humain, codifié avec le potentiel de croissance d'une conscience dans le processus évolutionnaire.

Et c'est à ce point de la naissance planétaire que notre âme nous éveille à un nouveau niveau de conscience, une nouvelle mémoire de l'histoire de la création.

Maintenant est le moment où nous commençons à nous souvenir de nos 13,7 milliards d'années du « récit de la naissance ». Les atomes, les molécules, les cellules, les organes et le cerveau de notre corps ont été créés dans le mystérieux chaudron de l'évolution. Nous sommes codifiés pour nous souvenir du passé et aussi du futur.

L'éveil de l'âme durant la période transitoire de notre naissance en tant qu'espèce pleinement éveillée nous révèle que cette conscience est omniprésente. L'expérience mystique antérieure à la transition est sans limites et sans le Soi ; l'expérience post-transitoire évolutionnaire est une personnification universelle, dont le soi est unique, universel, sans forme et qui n'est pas assujetti par l'ego : c'est plutôt l'expression manifestée de la conscience de la Source ou de l'Esprit qui nous anime.

L'éveil de l'âme agrémente une dimension supérieure de notre être. Nous commençons à expérimenter notre Soi universel, de façon collective, libérés du champ de la terre, au-delà de la longue transition de *l'homo sapiens sapiens* à *l'homo universalis* : en extase, dans un radieux éclat de joie, semblable au soleil qui perce les nuages.

Nous comprenons enfin que nous sommes tous une conscience omniprésente dans un corps physique, comme l'univers dont nous faisons partie. Nous partageons tous une continuité de la conscience avec la Conscience qui nous crée.

Se souvenir de l'histoire de notre naissance cosmique est primordial pour la reconnaissance, la culture et l'incarnation de l'éveil de l'âme à grande échelle. Notre âme est consciente de toute l'histoire de la création et elle nous transmet cette conscience.

Lorsque notre âme s'éveille, chacun de nous est guidé pour participer à notre cosmogénèse intérieure. Nous sommes *l'univers personnifié*. C'est présentement le but premier de chaque incarnation.

Pendant notre processus de naissance planétaire, une nouvelle forme de spiritualité émerge. C'est une spiritualité en évolution – la spiritualité de l'incarnation. Jésus a dit : « Si vous m'avez vu, vous avez vu le Père. » On peut dire maintenant : « Si vous m'avez vu, vous avez vu tout le processus de la création, l'éveil de l'âme en moi comme moi. » Nous et la Source faisons un. La religion elle-même évolue.

Je résume l'essence de l'éveil de l'âme par l'expression de ce que j'appelle, les «4 E» de l'évolution de la conscience :

LE PREMIER E EST POUR «ÉTERNITÉ»

Nous faisons un avec la Source. La source de la création vit en chacun de nous. Le big bang à jamais récurrent explose en nous, puisque nous sommes animés par toute l'histoire de la création. Dieu Mère/Père devient la divinité qui évolue en nous, Dieu appelant à la plénitude de la vie.

Nous sommes l'évolution qui devient conscience. Nous sommes animés par le désir de Dieu pour accroître les cocréateurs avec le Divin, à l'image de Dieu, à l'image de la Source, de l'Esprit, de la Conscience – il n'y a pas encore de mot évolutionnaire suffisamment bon pour désigner Dieu qui évolue continuellement en nous comme nous.

LE SECOND E EST POUR «EXPRIMER»

Nous sommes un résumé de toute l'histoire de la création. Dans chaque cellule de notre être est encodé, non seulement la mémoire du miracle de l'organisation d'une personne dans l'utérus maternel, mais aussi de la pleine conscience que nous sommes une graine en croissance de l'histoire étourdissante de notre émergence du néant à tout ce qui était, qui est et qui évoluera.

C'est le moment de notre naissance planétaire. Chacun de nous est encodé de la pleine conscience naissante de notre rôle unique dans la nouvelle ère de l'évolution planétaire. Comme les cellules imaginales dans le corps de la chenille, nous portons tous en nous le code de l'importance unique de notre fonction supérieure à l'intérieur du corps planétaire. Nous cherchons à savoir quelle est notre meilleure place dans le système en évolution.

L'âme s'éveille en prenant conscience que chacun de nous a une mission cosmique unique à remplir. Chacun est appelé à son poste. L'heure de notre naissance est à portée de main.

LE TROISIÈME E EST POUR « ÉMERGER »

Chacun de nous est tout près de la croissance de l'évolution. Nous avançons vers une nouveauté radicale, comme un bébé qui vient de sortir de l'utérus du monde. Quel que soit le travail que nous avons accompli, il y en a encore plus à venir. Quand nous disons oui à l'impulsion de la création qui est à l'intérieur de nous, nous nous renouvelons tous les jours. Nous sommes « au seuil » — c'est-à-dire que nous traversons le seuil de la phase de l'évolution humaine vers la suivante.

Quand nous disons oui à notre potentiel émergeant, nos cellules reçoivent un message : *Tu as du travail à faire.* Elles commencent à se régénérer.

Quand l'âme s'éveille à l'intérieur de nous, le « génie de l'évolution », la créativité « supra mentale » de la vie universelle, circule à travers nous activant l'être humain qui s'éveille. Nous en savons plus, devenons plus, donnons plus, aimons plus. Nos nouvelles fonctions émergent. Notre but dans la vie prend de l'expansion.

Quand nous disons un oui résolu qui provient de la source de notre être, nous sommes informés par le génie de l'évolution encore plus directement.

Nous sommes un nouvel archétype sur terre, incarnant le processus de la création comme notre propre expression de créativité et d'amour.

LE QUATRIÈME E EST POUR « EROS »

L'évolution est l'expression de l'amour. L'amour évolue à travers l'attraction, quark avec quark, particule avec particule, cellule avec cellule, humain avec humain, tribu avec tribu, culture avec culture.

Lorsque notre âme s'éveille, nous sommes attirés les uns envers les autres malgré la barrière de races, de classes, de couleurs, de genres et de croyances. L'éveil de l'amour évolutionnaire en nous devient une étrange force d'attraction, aussi puissante que la sexualité. C'est l'évolution de la sexualité.

Nous sommes attirés à joindre, non pas nos gênes pour avoir un bébé, mais notre génie pour donner naissance à un Soi supérieur et à un travail plus créatif pour le monde. La procréation massive se transforme en une nouvelle phase de cocréation collective.

Rejoindre le génie est une façon naturelle de faire évoluer le monde. L'attirance que nous ressentons pour un autre dont le génie anime davantage le nôtre est l'expression de l'évolution de la sexualité envers la suprasexualité. Cela apporte, joie, amour, nouveauté. C'est très gratifiant. Nous devenons « télérotiques » – remplis de buts supérieurs et d'amour unificateur. Nous expérimentons « l'excitation vocationnelle », la passion de cocréer.

La sexualité devient sacrée quand elle s'exprime en associant le génie créatif à un objectif commun pour le monde. Le caractère sacré du sexe dont le but est d'avoir un enfant et reproduire l'espèce change pour nous faire évoluer et faire évoluer le monde. L'union d'un objectif partagé donne naissance à un monde meilleur en se rejoignant dans l'amour. Le plan divin est que le monde évoluera dans l'amour, non dans la peur.

L'éveil de l'âme s'élève chez plusieurs d'entre nous. Nous sommes attirés par le futur comme un organisme qui progresse vers l'inconnu. Nous sommes cofondateurs d'une nouvelle famille évolutionnaire de l'humanité qui surgit dans chaque culture. Nous sommes connectés les uns aux autres et à la Source à travers notre nouveau système nerveux planétaire en croissance. Nous ouvrons la voie à un éveil planétaire à travers la symphonie du Soi unique dans laquelle chacun exprime sa note unique de créativité.

La symphonie est orchestrée par un univers omnicentrique et auto-organisé dans une grande tradition qui remonte à des milliards d'années, de la montée de la conscience, de la liberté et de l'ordre synergétique.

Au point culminant de l'éveil planétaire, l'éveil de l'âme s'exprime simultanément chez bien des gens pour transformer le champ de la conscience de la terre de la peur à l'amour.

Collectivement, nous ouvrons les yeux et voyons que nous sommes bons, que nous sommes entiers, que nous sommes nés pour une vie universelle, sur cette terre et au-delà. Dans le champ de résonnance et d'amour, les lumières de l'existence universelle se dirigent vers nous. Nous esquissons notre premier sourire planétaire.

Réflexions contemplatives sur

Le cœur s'ouvre

Le cœur est une fenêtre sur l'éveil de l'âme. En fait, il est le seul moyen de vivre la manifestation cosmique qui se déroule à l'intérieur de votre être. Mais vous devrez étudier de nombreuses leçons magnifiques, mais difficiles, afin d'apprendre comment ouvrir suffisamment votre cœur pour permettre à la lumière de votre âme d'y pénétrer.

Quand le cœur s'ouvre, il perçoit une connexion qui donne sur un large univers où palpitent la compassion et l'amour sans limites, bien au-delà de nos préoccupations avec d'étroits besoins et désirs personnels. Le cœur, voyant pour la première fois la communauté des âmes, est soudainement empreint de vénération pour le voyage de toutes ces âmes dans le temps et l'espace qui reviennent à la maison intemporelle de la source divine.

Quand le cœur personnel est présenté au grand espace du cœur universel, il aperçoit l'époustouflant panorama du chemin qui s'étend à perte de vue et expérimente la première d'une série de transformations radicales. À l'intérieur du cœur en expansion, nous continuons de nous défaire de tous nos personnages éphémères jusqu'à ce que nous atteignions l'identité éternelle de notre âme.

Cultiver l'espace encourage la communion illimitée entre le cœur qui s'ouvre et l'âme qui s'éveille. Un cosmos conscient animé s'ouvre à l'intérieur de vous. Vous prenez de l'expansion et vous êtes saturé par une connexion intime avec la vie.

Sans l'espace et le silence, le cœur demeure tendu et préoccupé.

L'inspiration spirituelle survient quand on donne au cœur la liberté de s'envoler vers le déploiement de l'âme divinement planifié. Dans la lumière ardente de l'éveil et de l'ouverture, la vraie vénération et l'obédience montent du centre du cœur. Ce n'est qu'à travers cette obéissance librement offerte que vous rassemblerez le courage d'incarner une vie provenant du cœur et dirigée par l'âme.

Quand le cœur commence à abandonner les préoccupations égoïstes, il est attiré dans la sphère du Bien-aimé éternel, qui est le seul pouvoir dans l'univers capable de vous unir avec le soleil en fusion de l'essence de votre âme. Le soi rencontre le Soi.

Une fois qu'on a aperçu le vaste amour du cœur universel, le cœur personnel se rend compte à quel point il est rempli de cafouillis, de contraintes, de blocages, d'attaches et de faux-semblants. Maintenant, vous découvrez enfin la vraie perspective. Il y a un sentiment profondément précieux que vous pouvez enfin sortir du confinement de l'ego.

Les vastes vergers ensoleillés d'amour, de pardon et de tendresse se révèlent lorsque le cœur s'ouvre, mais non loin, nous découvrons que les blessures restées en suspens existent encore dans l'ombre, ainsi que les émotions douloureuses qui restreignent le champ d'énergie subtile du pouvoir du cœur.

L'ouverture du cœur défie progressivement l'attraction gravitationnelle des blessures enfouies. La foi est maintenant vivante et vécue activement, elle n'est plus seulement une série de concepts qu'on vous a imposés. Elle a le pouvoir de vous extirper des cendres des crises et du désespoir, et peut même vous élever vers une libération totale. L'ouverture du cœur vous propulse dans une vie nouvelle comme nulle autre force.

Lorsque le cœur s'ouvre, il est attiré par la liberté pure. Il remplace l'incessant contrôle pointilleux des sentiments par une originalité spontanée et une quête profonde accompagnés d'amour et de dévotion. Quand vous commencerez à vivre librement, vous tendrez même vers une forme plus profonde d'abandon spirituel.

Une des leçons de vie est que le cœur a le pouvoir de vivre des émotions extrêmes sans les emprisonner dans l'inconscient comme des attachements malsains ou des blessures non cicatrisées. En évoluant, nous élargissons notre portée émotionnelle : quand le cœur s'ouvre, nous ne réprimons pas nos émotions, nous les orchestrons sur beaucoup plus d'octaves de sentiments.

Plusieurs raisons peuvent garder le cœur fermé. Notre travail consiste à purifier notre champ émotionnel intérieur et notre conscience mentale pour se débarrasser des énergies stagnantes et oppressives, pour les empêcher de bloquer la lumière pure du cœur et de restreindre son état naturel de liberté. Commencez ce travail en vous aimant, parce que s'aimer ouvre la porte de son vrai Soi.

Sans l'habileté du cœur de transcender la séparation et la division, nous n'aurions aucune place où vivre dans ce monde. Le cœur est un guérisseur, parce que lorsqu'il est ouvert il écoute si attentivement qu'il dissout les barrières de la peur et du ressentiment.

Le cœur est un phénix capable de renaître des cendres de la haine, de la guerre et de la terreur.

Votre cœur a le pouvoir de partager la substance de l'amour inconditionnel avec tout le monde, en dépit de l'hostilité, de l'insulte et du rejet. Dépourvu de narcissisme, c'est un agent de transformation personnelle et sociale. Un grand leadership inspire l'ouverture du cœur en dissolvant la méchanceté et en exsudant un esprit généreux.

Lorsqu'il s'ouvre, votre cœur ressent des courants subtils de grâce qui vous élèvent et vous invitent à vous élancer vers le mystère de votre destinée. Vous vous sentez accueilli et bienvenu dans un univers plus grand et totalement inclusif. Vous faites partie de la conception époustouflante de la création.

L'ouverture du cœur est un acte conscient de participation à notre guérison et à celle d'autrui. C'est un acte d'engagement créatif dans l'ascension spirituelle de l'humanité.

Les maîtres de la sagesse spirituelle nous disent que le cœur est le miroir de l'infini et que nous devons le polir avec une attention constante. Dans un état de pleine conscience, le cœur voit au-delà des limitations du temps et de l'espace et touche à l'immensité absolue de l'amour divin.

Surveillez comment le cœur accède à la tranquillité avant d'être attiré par l'énergie du Bien-aimé. Dans l'espace entre les respirations, il y a une histoire d'amour où le cœur et l'âme fusionnent. Dans la réalité quantique, chaque particule subatomique étant pulsée, ainsi tout l'univers crée un espace pour la fraîcheur et le renouveau.

La science confirme qu'on peut créer une profonde cohérence du cœur au moyen de l'amour et de la gratitude. Quand on éprouve de la compassion, les systèmes électriques et biochimiques du corps irradient la paix et le bien-être.

Respirez dans votre cœur pour qu'il s'ouvre et qu'il se vide. Ne tentez pas de le garder toujours plein. Laissez-le se vider. Laissez-le se remplir. En faisant cela, vous découvrirez que vous n'avez pas besoin d'inventer l'amour et la gratitude, parce que ce sont des forces naturelles dans un univers qui n'existerait pas sans elles.

Soyez averti : quand le cœur s'ouvre, il devient un autre type de guerrier pour la vérité et la justice. Il ne confond pas le non-jugement et la compassion avec la neutralité morale.

Laissez votre cœur s'ouvrir dans chaque respiration jusqu'à ce qu'il soit spacieux, sauvage et libre. C'est seulement à ce moment que vous croîtrez dans le champ de beauté et de grâce illimitées de Dieu. Nos professeurs nous rappellent que lorsque nous nous ouvrons, nous rencontrons des feux de résistance, mais cela fait partie du processus de purification jusqu'à ce que la respiration nous transporte dans le jardin au centre de notre cœur – connu chez les mystiques comme le jardin parmi les flammes.

Le cœur s'ouvre

D'ANODEA JUDITH

Auteure de nombreux succès de librairie sur la spiritualité, la psychologie et le changement social, y compris des travaux révolutionnaires sur les chakras, Anodea Judith est également conférencière et animatrice d'atelier dynamique et fondatrice de Sacred Centers.

J'ai entendu dire que le voyage le plus long qu'une personne peut faire dans sa vie est de 45 centimètres, la distance entre sa tête et son cœur. Ce voyage est bien plus qu'une quête personnelle, c'est un voyage à partir du temple intérieur de notre cœur qui s'ouvre à une grande matrice qui nous connecte tous. Un cœur global reconnaît notre ressemblance en tant qu'êtres sacrés travaillant de concert pour un monde meilleur, pour une maturité planétaire qui nous permet d'évoluer ensemble, comme des éléments d'une matrice encore plus grande d'amour universel. Voyager depuis le cœur personnel jusqu'au cœur universel, et s'ouvrir encore à une compréhension du cœur d'un univers plus vaste, est le voyage de notre temps.

Tous les jours, nous sommes entourés de miracles qui démontrent l'amour. Au moment le plus sombre de l'année, la blanche pureté de la neige reflète la lumière, puis elle s'accumule sur le sommet des montagnes pour nourrir nos ruisseaux au printemps et durant l'été. Les feuilles tombent au sol à l'automne pour composter et pour nourrir le renouveau printanier. Les arbres produisent de l'oxygène pour que l'on puisse respirer et absorbent le dioxyde de carbone — ce qui est particulièrement important en ces temps de réchauffement planétaire. La nature foisonne d'histoires d'amour, c'est une démonstration quotidienne qui nous enseigne comment nous connecter.

Même le fait d'être en train de lire les mots de ce livre prouve qu'un cerveau peut transformer des points d'encre sur une page en mots qui ont du sens et, espérons-le, transmettre des vérités profondes sur la réalité de ce que nous sommes. L'existence de ce livre témoigne des nombreuses mains invisibles qui ont coupé le bois et fabriqué du papier, qui l'ont imprimé, relié en un livre, et transporté ses joyaux dans votre cœur. Chaque fois que nous sommes en mesure d'assembler des choses dans un plus grand tout et voir que plusieurs parties travaillent pour un même but, nous sommes les témoins de l'amour et de l'action.

Programmé au plus profond de nos cellules, l'amour est perçu par le nourrisson et par la nouvelle maman dès la naissance. L'amour nous soutient à travers les difficultés et les triomphes de la vie. Il pleure aux portes du mystère quand nous relâchons la main d'un être cher lors de son dernier soupir.

Ces moments sont profonds, indélébiles et essentiels. Ils donnent un sens à la vie. Chaque fois que nous trouvons l'amour, ressentons l'amour, créons ou exprimons l'amour, nous nous connectons à une essence plus grande que notre être, qui nous maintient dans la grâce en tant qu'éléments de quelque chose de plus grand.

Nous avons autant besoin d'amour que de respirer ; voilà une autre métaphore. L'air, l'élément sacré associé au chakra du cœur, est un champ invisible qui nous entoure, tout en fournissant chaque inspiration. L'amour divin nous enveloppe aussi. Il est toujours présent, mais il reste invisible pour les non-initiés. Et tout comme le vent révèle les mouvements invisibles de l'air, les démonstrations d'amour révèlent la force divine qui tient tout ensemble dans un inextricable réseau de relations.

L'amour pousse un soupir de soulagement même quand il est rétabli ou qu'il s'étend. L'amour est notre prochain défi évolutionnaire, celui qui peut faire pencher la balance pour la survie de nos espèces dans la prochaine ère.

Nous savons assurément que le cœur de l'être humain s'ouvre, s'agrandit et se soulève grâce à l'amour. Nous ressentons cette expansion comme une découverte spirituelle qui nous fait signe et nous appelle au-delà du mystère profond. Une fois qu'on a goûté à l'amour, on veut sans cesse y goûter. Comme une maladie bienveillante, l'amour est contagieux — un cœur ouvert inspire d'autres cœurs à s'ouvrir et à s'abreuver de cette majesté. Il nous enseigne du plus profond de nous une leçon essentielle au sujet du monde — que nous dansons tous ensemble, créant ainsi des ensembles plus importants. Des atomes aux molécules, des personnes aux planètes, des étoiles aux galaxies, nous sommes immergés dans un champ de création parfaitement équilibré, dansant en réciprocité perpétuelle.

Il n'y a jamais eu de moment plus urgent dans le monde pour ouvrir nos cœurs. Le réseau complexe de la biosphère tient par un fil, tandis que 65 millions de personnes errent sur terre en tant que réfugiés sans-abri, avec trop d'enfants parmi eux.

On ne peut plus se permettre ces vieilles guerres du toi et moi, du nous et eux, du ceci et cela, au lieu de célébrer l'émerveillement de nos différences. On ne doit plus percevoir le Ciel et la Terre comme des concepts distincts, comme si la mère et le père cosmiques avaient demandé le divorce et se séparaient le patrimoine, plutôt qu'être les amoureux suprêmes de l'éternité qui ont donné naissance à tout ce qu'on connaît.

Et jamais, nous n'avons eu autant de liberté de choisir l'amour. Nous pouvons choisir un partenaire que nous aimons, plutôt que de vivre avec un partenaire qu'on nous impose ; nous pouvons même choisir d'aimer un genre qui correspond à notre vraie nature. Nous pouvons de plus en plus opter pour une profession que nous aimons, choisir de vivre où nous désirons, et manger, étudier et jouer selon ce que nous aimons.

Lentement, au fur et à mesure que nous faisons le long voyage évolutionnaire pour grandir et trouver notre pouvoir et notre liberté, nous prenons conscience que la raison sous-jacente qui explique à quel point nous recherchons la liberté, c'est pour être libre de choisir la vie que nous aimons.

Un monde choisi pour l'amour est le prochain projet de l'évolution.

Qu'est-ce qu'il faudrait pour créer un monde dans lequel l'amour est *le principe organisateur fondamental*? Ce serait un monde d'échanges équilibrés, qui préconisent la collaboration à la compétition, des connexions au lieu d'une structure hiérarchique, des réseaux plutôt que des marchés, des parties prenantes au lieu d'actionnaires, d'un écosystème plutôt qu'un système d'ego. Ce serait un monde qui serait basé sur des principes d'auto-organisation, des réseaux pairs à pairs d'individus au service d'une vision plus large pour créer la réalité que l'on sait être possible dans nos cœurs.

Contrairement à ce que diffusent nos médias sensationnalistes, cela est déjà en train de se produire. Le plus grand mouvement social sur terre de nos jours, selon l'écrivain et militant américain Paul Hawken, est le mouvement de bénévoles engagés dans le service humanitaire parmi un grand nombre d'organisations non gouvernementales, dont le but est de promouvoir la justice sociale, la protection de l'environnement, la paix, la démocratie et l'étude de la conscience. Ce mouvement est mondial et on le retrouve partout, quels que soient l'âge, la race et le genre. Il n'est pas le résultat d'un décret juridique ni des pouvoirs en place. C'est un mouvement qui provient du cœur des gens qui ont suffisamment de liberté pour servir le bien commun et protéger ce qu'ils aiment.

Notre technologie favorise la connexion mondiale comme jamais auparavant. Facebook, une population plus importante que celle de n'importe quel pays de la planète, avec plus d'un milliard de personnes connectées tous les jours, prouve que le plus grand intérêt humain est la connexion sociale. On peut visionner des vidéos de gens qui habitent de l'autre côté de la planète, et ils nous sont moins étrangers quand on prend conscience de leur détresse et qu'on ouvre notre cœur à la compassion. On peut décrier la fonte des glaciers, célébrer l'évincement d'un dictateur, ou propager de façon virale des idées nouvelles et des découvertes. Tout comme les agoras ou les places publiques de la Grèce antique ont facilité les débats et donné naissance à la démocratie, nous possédons maintenant des « idéegoras » mondiales sur les médias sociaux, qui mettent à l'avant-plan la nouveauté, la résolution de problèmes et l'autosélection pour la collaboration.

Nous connaissons depuis longtemps le pouvoir de l'amour individuel : l'amour que l'on a pour notre partenaire, notre frère ou notre sœur, la famille ou la tribu. Nous sommes maintenant appelés à expérimenter le pouvoir de l'amour à l'échelle mondiale, avec des nations qui se rassemblent avec une sagesse et un intérêt réciproques pour la planète plutôt qu'à penser à des intérêts personnels fragmentés. Qu'arriverait-il si nous améliorions le bien-être économique et social du Mexique au lieu de construire un mur tout le long de la frontière avec les États-Unis, à un coup égal ou moindre ? Qu'arriverait-il si l'argent attribué à la défense militaire était investi dans l'éducation, les soins de santé ou la protection de l'environnement ? Qu'arriverait-il si les pauvres étaient éduqués, s'il y avait égalité entre les hommes et les femmes, si les différences étaient célébrées, et si nous travaillions ensemble pour résoudre nos problèmes mondiaux ?

En fait, nos problèmes actuels peuvent *seulement* être résolus par la collaboration mondiale. Alors que les anciens belligérants unissaient une population *contre* un ennemi, nous avons maintenant des problèmes, tels que le changement climatique, qui peut unir l'humanité dans une cause commune, sans ennemi à tuer. Que cela nous plaise ou non, nous sommes de plus en plus une société mondiale, une économie mondiale et un cerveau mondial. Il est essentiel de développer aussi un cœur mondial. L'amour est la valeur durable qui organise dans l'ombre ce syncrétisme colossal en un éveil mondial.

La transition de l'amour du pouvoir au pouvoir de l'amour est l'impulsion évolutionnaire de notre temps. L'amour naît dans notre cœur, quand on guérit les blessures qu'on a causées et reçues (en sanskrit, le nom du chakra du cœur, *Anahata*, signifie «pas frappé» ou «pas blessé»). Il circule tout le long de notre corps lorsqu'on affaiblit notre armure corporelle. Il laisse place à une vérité plus profonde et calme notre attitude cristallisée envers les autres. Il se répand en nous par le pardon et la générosité, il obtient des ailes grâce à la gratitude, et ultimement fait son nid dans la paix.

Cet amour est très créatif, appelle les gens à danser ensemble dans la célébration, avec une nouvelle spiritualité qui n'est pas dictée, mais cocréée, à ouvrir les ailes du temple resplendissant du cœur. Parce que l'amour ne vient pas d'une législation ennuyeuse, mais de la sagesse du cœur, il est la quintessence de chaque philosophie spirituelle à avoir existé. Tout en pratiquant et en priant, nous vibrons à une nouvelle configuration, tellement au-delà de ce que nous avons maintenant, que nous pouvons à peine imaginer ses dons remplis de grâce.

Jusqu'ici, nous avons la certitude de ce que sera la prochaine aventure : l'entreprise succulente de l'amour est là attendant les portes ouvertes, offrant des apéritifs pour le banquet encore à venir.

Vous y êtes cordialement invité.

Réflexions contemplatives sur

La lumière brille

Lorsque l'âme s'éveille et que le cœur s'ouvre, nous pénétrons dans les plans intérieurs de la conscience par le processus du raffinement de l'énergie brute en une énergie subtile. L'énergie devenant subtile, la conscience s'amplifie, s'approfondit, et nous expérimentons sa luminosité. Nous voyageons enfin à travers un monde intérieur de lumière qui nourrit notre conscience grandissante de la nature resplendissante de la réalité spirituelle.

Une lumière brille à l'intérieur de votre cœur. C'est une lumière qui est toujours présente. La lumière primordiale qui brille dans le cœur est la lumière de la conscience et l'ancêtre de toute la lumière dans le monde.

La lumière qui brille dans votre cœur ne peut être allumée ou éteinte. Elle est invisible pour un esprit occupé. Sa présence ne peut pas être sentie par un cœur agité et replié sur lui-même.

La lumière intérieure du cœur brille à partir d'un endroit situé bien au-delà du Soi personnel. C'est au-delà de la différenciation entre la lumière et la noirceur ou le bien et le mal.

Ici, dans le cœur, réside la lumière qui brille depuis bien avant que la vie apparaisse et que naisse la pensée. Pas étonnant que les mystiques de traditions diverses mettent l'accent sur la grandeur et la magnificence du cœur : il est la porte d'accès à la lumière qui a permis à la vie d'évoluer.

Nous sommes porteurs de cette lumière, mais très souvent, nous ne sommes pas conscients du fait qu'elle brille au centre de notre être. La créativité foisonnante de l'évolution prend sa source dans cette lumière originelle qui s'exprime à travers la science nouvelle, la cosmologie, la psychologie, les systèmes sociaux, les arts, la technologie et la moralité illuminée.

Philosophie magistrale, brillance intellectuelle et autres éblouissantes performances de l'ego décrivent cette lumière sans l'avoir toutefois expérimentée. Pourtant, la lumière éclaire l'intellect, la lucidité et la découverte lorsque ces qualités sont alignées avec elles.

La lumière qui brille au centre
de votre cœur est connaissance,
perspicacité, sagesse et amour en tant
que présence unifiée. On ne peut
comprendre une telle lumière que par
une conscience fragmentée.

Contemplez la lumière qui ouvre le troisième œil lumineux. C'est la lumière du Un omniscient, guidant l'évolution de toute la vie et l'involution de toutes les âmes lorsqu'elles retournent à la Source divine.

La lumière qui se révèle dans le cœur est une lumière qui va droit au cœur. Bien qu'elle soit répandue dans la nature, elle est remplie de la présence intime. Elle est à la fois personnelle et impersonnelle.

Un aspect central de cette lumière originelle est son pouvoir libérateur. La lumière nous débarrasse de chaque idée, attitude et croyance qui nous entrave dans la séparation ou la supériorité.

La fausseté, la déception de soi et le manque d'intégrité écartent cette lumière. Il n'y a que ce qui est transparent qui supporte la vérité éternelle. Contempler ce qui est complètement transparent est difficile, parce que notre perception est filtrée par des projections qui teintent constamment notre vision. Les filtres enlevés, nous entrons dans la Présence.

Baigné dans cette lumière enveloppante, l'esprit perd ses illusions, le cœur s'abandonne et vénère ce qui est réel et vrai.

Votre cœur est une porte d'accès à la lumière. Vous ne pouvez pas forcer la lumière à venir vers vous. Quand votre cœur s'ouvre, soyez réceptif. N'oubliez pas que la lumière est déjà là. Nous ne créons pas la lumière, nous la découvrons tout simplement. Ou comme le dirait un mystique, la lumière nous trouve quand nous sommes à la maison en nous-mêmes.

La lumière trouve le moyen de vous rejoindre, peu importe la porte que vous avez fermée à l'intérieur de vous. Rien ne peut empêcher la lumière de sortir. Quand la lumière de la conscience pure semble obscurcie, c'est parce que nous sommes entrés dans une illusion.

Regardez avec les yeux du cœur la lumière qui brille dans la noirceur.

Embrassez la souffrance que vous avez vécue, mais ne vous y accrochez pas, sinon cela masquera la lumière de votre cœur. Les inquiétudes sont comme de lourds nuages orageux qui bloquent les rayons du soleil. Mais ne vous inquiétez pas : les nuages répandent la pluie pour nous enseigner de quelle manière le ciel s'ouvre et la gloire de la lumière du soleil réapparaît.

Laissez la lumière briller. Briller est sa qualité dynamique irradiante. Elle peut passer au travers du dense brouillard du ressentiment et de la résistance. Elle peut illuminer le chemin. C'est la lumière de la Présence.

Le mental alterne entre la peur et le désir, l'espoir et le regret, et il se perd dans le passé et le futur. Le mental est piégé dans les marais et les brumes de l'illusion. La lumière dans votre cœur brille uniquement dans le présent où elle révèle ce que les anciens Amérindiens appellent le « chemin de la beauté ».

Quand l'âme s'éveille et le cœur s'ouvre, la lumière qui guide l'univers brille à travers vous. Et vous entrez dans le flux de la lumière créatrice émergente en tant qu'amour universel, originalité incessante et enjouement cosmique.

La lumière brille

D'ERVIN LÁSZLÓ

Fondateur de la théorie des systèmes et de la théorie de l'évolution générale, Ervin László a reçu en 2001 le Prix de la Paix Goi. Son œuvre des dernières années a porté sur le « Paradigme Akasha », une nouvelle conception du cosmos, de la vie et de la conscience.

« La lumière primordiale qui brille dans le cœur est la lumière de la conscience et l'ancêtre de toute la lumière dans le monde. » Les paroles de James O'Dea capturent l'essence d'une approche scientifique de la « lumière qui brille ».

La conscience qui est présente en vous n'est pas une conscience finie ou limitée. C'est une conscience infinie, cosmique – une réflexion, une résonnance holographique de la conscience qui forment et « in-forment » l'univers. Elle est présente au sein de votre esprit et de votre cœur.

Cette lumière – cette conscience – n'a pas pris naissance au même moment que l'univers. Elle est l'intelligence qui a donné naissance à l'univers. Au commencement était le Verbe, comme il est écrit dans l'Ancien Testament (Genèse 1.1) : c'était le Tao, le

Brahman, l'Esprit cosmique comme le savent plusieurs sages tout autour du monde. On peut dire maintenant, comme le physicien Max Planck, que c'est l'intelligence cosmique qui rassemble la vibration des protons, des neutrons et des électrons pour qu'ils constituent un atome. L'intelligence cosmique assemble des atomes pour qu'ils produisent des molécules, et assemble les molécules pour produire des cellules vivantes. C'est aussi cette intelligence qui fait vibrer les cellules de votre corps en syntonie (à la même fréquence) pour composer votre cerveau et votre corps, la plateforme biologique de votre mental et de votre conscience.

On associe cette intelligence cosmique à votre corps, mais elle n'est pas votre corps. C'est l'intelligence *de* votre corps. C'est la lumière qui brille en vous, et dans tout ce qui constitue l'univers.

Cette lumière est l'hologramme qui enveloppe et embrasse — qui in-forme — toutes les choses. Elle in-forme les cellules et les organes de votre corps, et elle in-forme votre cerveau et votre conscience. Quand vous entrez dans un état méditatif ou de prière, elle vous connecte à tous les êtres qui émergent et évoluent dans l'espace et dans le temps.

Vous ne pouvez pas recevoir cette lumière, ne pouvez pas communiquer et communier avec elle dans votre état de conscience quotidien. Votre mental est trop pré-occupé par les banalités quotidiennes. Vous devez entrer dans un état de conscience plus profond, un état dans lequel vous pouvez recevoir la sagesse du cosmos, résonner avec l'intelligence qui a créé votre corps et tout ce qui vous entoure.

Quand vous êtes dans cet état, vous voyez avec les yeux du cœur. Vous êtes in-formé par la sagesse qui évolue parallèlement avec tout dans l'espace et le temps.

Ces concepts semblent spirituels, au-delà des limites de la science et du bon sens, mais ils ne sont pas ésotériques. Non pas que le bon sens aurait évolué pour les embrasser : c'est plutôt parce que la science a évolué. Et elle évolue constamment pour in-former le sens commun ; en s'imprégnant du nouveau paradigme de la science — un paradigme intégral post-matérialiste —, la sagesse qui guide l'évolution de toutes les choses dans l'univers vous apparaît clairement. C'est l'éveil dont on parle dans cette prière.

Nous vivons à une époque où l'éveil à la sagesse de l'univers se manifeste à un nombre toujours croissant de personnes. La lumière de la dimension la plus profonde du cosmos — la dimension que les scientifiques appellent le « point zéro », le « champ akashique » ou « l'ordre implicite » — commence à pénétrer le cœur des gens. Sans cette sagesse sincère, rien ne pourrait exister dans l'univers au-delà des gaz inertes flottant aléatoirement dans un espace passif et dans le temps qui s'écoule indistinctement. Mais elle est présente partout dans l'univers et elle est présente dans votre corps et votre cerveau. Elle peut être rappelée par votre conscience et peut entrer dans votre vie comme une lumière brillante guidant chacun de vos pas.

À ce moment crucial de notre histoire, la conscience nécessaire pour s'attaquer aux problèmes de notre temps refait surface dans l'esprit d'une masse critique de personnes. Cette conscience, qui est connue des individus perspicaces depuis des millénaires, est maintenant redécouverte par la fine pointe de la science. C'est la conscience qu'il nous faut pour résoudre les problèmes que nous avons à affronter. Comme l'a souligné Einstein, on ne peut pas résoudre les problèmes majeurs de notre temps avec le même type de conscience qui les a créés.

La nouvelle conscience ouvre l'esprit de l'être humain à la vibration qui a créé l'univers voilà 13,8 milliards d'années. Cette vibration a commencé à in-former l'univers suite au big-bang, et le fait toujours depuis. Dans un processus apparemment lent et hésitant, mais irréversiblement décisif et intense, elle a mis de l'avant des systèmes complexes et cohérents qui interagissent et, dans leurs interactions, communiquent, communient et évoluent parallèlement à travers une myriade de réseaux de la vie qui existent à travers cet univers vivant et conscient.

La lumière qui brille dans votre cœur est la conscience qui in-forme le monde. C'est la projection holographique, la résonnance, la conscience au cœur de la réalité. En fin de compte, comme les grandes traditions de sagesse le soutiennent depuis longtemps, la matière-énergie du monde de l'espace et du temps est l'entreprise de la conscience cosmique qu'on discerne au-delà de l'espace-temps.

Vous pouvez, et vous devez, être à la hauteur de la tâche et du défi de faire évoluer votre conscience. Vous êtes une création évoluée de la conscience qui règne dans le cosmos ; en vous, la conscience cosmique est resplendissante et articulée. Vous êtes un instrument évolué de l'autocréation de la conscience du monde au moyen de l'évolution des choses qui portent la conscience du monde.

La lumière qui brille en vous est cosmique et infinie. Chérissez-la, encouragez-la, faites-la évoluer. Elle est votre identité en tant qu'être cosmique, et la raison de votre existence est de stimuler et faire évoluer cette lumière. C'est la tâche que vous devez remplir ici-bas. Vous êtes ici pour poursuivre cette responsabilité non seulement dans votre vie présente, mais dans la vie après la vie.

Vous êtes un être mortel doté d'une conscience immortelle. Votre corps meurt, mais votre conscience survit. Vous faites partie d'une symphonie infinie de la lumière se manifestant sur cette planète.

En tant qu'être rationnel et intuitif, vous devez relever le défi de contempler et de faire évoluer la lumière qui brille dans votre cœur. Elle est votre conscience immortelle. Elle doit croître et évoluer, et in-former toute la vie sur cette planète, et à travers tout l'univers.

Réflexions contemplatives sur

L'amour afflue

L'amour est le mouvement unificateur de l'existence. C'est le flux incessant du pouvoir de vie qui nous est donné comme nourriture essentielle de tout ce qui crée l'unité et l'harmonie. Il n'y a pas d'endroit trop répugnant, il n'y a pas d'histoire trop sordide ou désespérante que l'amour ne peut transformer avec sa beauté et son pouvoir guérisseur.

En se donnant toujours, l'amour continue de croître et de s'étendre dans l'éternité. En fin de compte, l'amour est la force irrésistible qui satisfait chaque destinée. L'amour est le Créateur. Il émerge de la lumière et il pénètre le cœur.

L'amour est la qualité de la lumière originelle de la connaissance spirituelle. L'amour sait que nous faisons Un. Et l'amour est prêt à payer le prix le plus pénible pour montrer qu'il ne peut jamais être séparé de l'objet de son amour.

L'amour ne se marchande ni ne se vend. Il s'offre en cadeau. Il est très généreux et ne manipule pas. Il se propage seulement à travers le pouvoir mystérieux de sa vulnérabilité, de son audace et de sa magnificence.

Même s'il a plusieurs imitateurs, l'amour n'a jamais voulu faire ses preuves. L'amour agit par résonance, non par l'affirmation intéressée.

L'amour est ingéré. C'est la nourriture du cœur et de l'âme. Tout votre être s'ouvre lorsque vous y goûtez. Et ainsi le goût s'enrichit et s'approfondit de plus en plus, jusqu'à ce que vous ne puissiez plus séparer les larmes et le rire ou l'amer et le sucré.

L'amour ne vous incite pas à devenir quelqu'un pour que vous soyez vous-même. Il vous aime afin que vous soyez vous-même. Ayez le courage d'être vous, même si vous avez déjà supprimé un millier de petites versions de vous-même que vous croyiez à ce moment-là être votre véritable identité.

L'amour vous aime comme vous êtes, sans réserve et sans condition. Il vous aime tel que vous êtes, non comme vous pourriez être ou devriez être. Il a foi en vous dans votre épanouissement, même au cours de plusieurs vies.

L'amour est au service du tout. Il n'est pas partisan de la division. Si vous vous abandonnez à l'amour, vous servez tous les êtres indistinctement. Et vous n'êtes pas obligé de revêtir le manteau de la piété ni d'être un spécialiste.

L'amour provient de la liberté et se manifeste dans la liberté. On ne peut jamais le forcer. C'est le principe intrinsèque de l'attraction spirituelle. Quand il n'y a aucune coercition, l'amour s'offre librement et il devient irrésistiblement beau et nourrissant.

La créativité de l'amour n'a aucune limite. C'est le cœur de l'innovation, de la guérison, de la justice, de l'exploration scientifique et de l'expression artistique. L'amour est imagination pure. L'amour recréera le monde à son image en cultivant l'amour qui façonne tous les aspects du développement humain.

Le mystique découvre ce qui
est réel et respectueux en prenant le
chemin de l'amour et en mangeant
les fruits de l'amour qui ouvrent
le cœur sur son chemin.

Si vous cherchez à comprendre pourquoi nous évoluons, tournez-vous vers l'amour pour trouver la réponse. Quand nous comprenons que c'est l'amour qui nous entraîne à travers les processus de sélection naturelle pour créer un avantage pour les êtres humains qui ont de la compassion et l'esprit de collaboration, une nouvelle science et un nouvel ordre social naîtront. Explorons un univers de conscience et de qualités, et non seulement de quantités, de mesures et de grades.

La beauté suscite l'amour ; l'amour engendre la beauté. Apprenez à voir la beauté là où vous pensez qu'il y a seulement de la laideur, et l'amour circulera dans une partie de vous que vous aviez ignorée – une partie que vous aviez oubliée de peur qu'elle soit laide.

Considérez l'amour comme si c'était de la nourriture. Continuez à informer votre engourdissement que vous êtes affamé d'amour. Sentez son énergie circuler dans votre cœur et partout où il veut se répandre. Si vous êtes confus, rappelez-vous ceci : le désir veut toujours plus d'excitation ; l'amour, lui, nous comble.

Laissez votre respiration être transportée par l'amour. Appuyez-vous sur l'amour. Déchargez-vous de vos problèmes. Bientôt, plus rien ne vous pèsera.

*L'amour n'est pas une chaîne
de douceurs sucrées et de
sentimentalisme. C'est une énergie
universelle spontanée qui transcende
les fausses apparences, qui nourrit et
protège le vulnérable et offre sa vie
à la cause de la beauté et de la vérité.*

Cédez au pouvoir de l'amour et exposez-vous à ce qui est essentiel dans la vie. Baignez-vous dans la vérité de l'amour : seul votre soi vous sépare du rayonnement infini de l'amour, où vos sombres secrets s'évaporeront inévitablement dans sa lumière indulgente et sa chaleureuse tendresse.

L'amour est là où le désir humain rencontre la volonté divine. C'est là où nous grandissons et où nous ressentons la combustion de la résistance. Donnez-vous aux flammes.

L'amour est la seule forme d'abondance qui importe vraiment.

La grande science ne cherche pas
à nier l'amour comme si c'était quelque
chose qui brouille la vérité objective.
Le véritable questionnement explore en
se basant sur l'amour, qui combine
humilité, révérence, dévouement
et admiration.

De l'éblouissante lumière originelle du cœur provient tout l'amour dont nous avons besoin. Pour remplir notre destinée humaine, nous entrons dans le flot et devenons amour. La civilisation planétaire évoluera par grands bonds lorsque nous amadouerons le futur avec notre désir d'une politique d'amour, une économie de l'amour, une religion de l'amour et une multitude de formes d'amour s'élevant de notre connectivité accélérée.

L'amour afflue

DE KABIR HELMINSKI

*Auteur, enseignant et directeur de retraite, Kabir Helminski traduit les travaux du poète soufi Rumi du XIII*e *siècle. Il est cheikh de l'ordre mevlevi, ainsi que cofondateur et codirecteur de Threshold Society (sufism.org).*

S'il vous est déjà arrivé de tomber follement amoureux, vous savez qu'en amour on se sent pleinement vivant. Lorsqu'elles tombent amoureuses, deux personnes ont une telle attention l'une envers l'autre que chacune se sent valorisée et, surtout, *reconnue.* Quand on donne et reçoit de l'amour, toute la vie revêt un nouvel éclat. Les amants s'écoutent très attentivement : ils embrassent chaque mot de l'autre. C'est une expérience tellement grisante que certains peuvent en développer une dépendance.

Aussi merveilleuse que soit cette expérience, ce type d'amour n'est pas le plus beau, le plus durable, ni le plus mûr. Mais elle nous révèle le pouvoir qu'a l'amour de nous apporter le bonheur, de nous égayer et de nous transformer.

Avec de tels hauts éphémères, est-il possible de connaître une transformation plus durable, constante et vraie? C'est déjà assez difficile de la trouver et de la soutenir avec une personne. Comment parvenir à aimer de plus grands cercles d'êtres humains? À la limite, comment peut-on arriver à aimer la Source même de l'existence?

Ces questions peuvent sembler trop idéalisées et trop exaltées pour plusieurs d'entre nous qui doivent composer avec un quotidien difficile. Je ne me rappelle pas avoir été autant interpellé par de telles questions avant d'avoir vécu une expérience d'amour profond et spacieux. Cela ne s'est pas passé lors de mon amour de jeunesse ni lors d'une relation amoureuse. À mon grand étonnement, cela est arrivé à travers une relation avec un homme en Turquie qui me rappelait un grand-papa et en présence de qui je me suis senti immédiatement accepté et aimé. Mais ce n'était pas un amour qui me semblait personnel : cela ne *me* concernait pas. C'était comme si je me trouvais, de façon tout à fait inattendue, dans un autre univers : l'univers de l'amour.

En quoi l'amour est-il un «Chemin»?

La réponse se trouve dans la compréhension du contexte cosmique dans lequel nous existons — c'est-à-dire un univers d'amour. Non seulement Dieu est-il amour, comme on nous l'a répété si souvent, mais l'amour est littéralement et la cause et le but de toute existence. Comme l'a dit le grand mystique turc soufi Yunus Emre : «Le vaste univers a été créé à partir d'une étincelle d'Amour.»

L'amour en est l'origine dans la mesure où il est l'expression du pouvoir créatif qui a donné vie à tout ce qui existe. C'est le but de toute existence : elle doit révéler et promouvoir les qualités de l'amour. C'est-à-dire la seule certitude quant à l'existence est peut-être celle-ci : l'amour aime se manifester à nous tous.

L'exploration de l'amour, intérieurement ou en bavardant avec les autres, est à la fois d'ordre intellectuel, émotionnel, psychologique et spirituel. Finalement, c'est spirituel parce que l'amour est profondément relié à la nature même de la réalité. Explorer la nature de l'amour permet de saisir toute son importance pour l'accomplissement d'un besoin, son rapport à la beauté, à son pouvoir de s'ouvrir à de nouvelles perceptions, de son effet transformateur sur nous, et au final, cela permet de percevoir la vérité.

L'amour spirituel a une fonction cognitive : il transforme la perception. Le monde semble différent pour une personne qui aime :

> Pour le Prophète, ce monde est plongé dans la glorification de Dieu, tandis que pour plusieurs, il semble inanimé.
> À ses yeux, ce monde déborde d'amour ;
> tandis qu'aux yeux de plusieurs, il est inerte et sans vie.
> À ses yeux, vallées et collines sont en mouvement fluide :
> il entend le discours subtil de la terre et de la brique.
> Pour le profane, tout ce monde est une chose morte enchaînée :
> Je n'ai jamais vu de voile d'aveuglement plus surprenant que celui-ci.
>
> (Rumi, *Mathnawi* IV, 3532-5)

Et il y a plusieurs niveaux dans cette expérience de l'amour divin. L'amour rend possible la transformation de la perception et de l'être parce que l'amour lui-même est la vérité suprême, la vraie nature de la réalité. Quand nous vivons surtout dans un état amoureux, nous nous rapprochons de la vérité et, par conséquent, nos perceptions sont moins faussées.

Je ne connais aucune technique magique pouvant créer l'amour miraculeusement. En soi, l'amour *est* la technique magique, le plus grand pouvoir transformateur de l'existence.

> Par amour, l'amer devient sucré ;
> par amour, le cuivre devient de l'or ;
> par amour, les lies deviennent claires ;
> par amour, le mort devient vivant ;
> par amour, le roi devient un esclave.
> De la connaissance, l'amour croît.
> La stupidité a-t-elle déjà installé quelqu'un sur
> un tel trône ?
>
> (Rumi, *Mathnawi* II, 1529-32)

Cette perception ultime de la vérité a été décrite par certains mystiques comme étant la fusion du soi avec l'infini.

L'AMOUR EST UN FEU ET L'EGO, SON COMBUSTIBLE

Bien qu'il y ait plusieurs compréhensions de l'amour, j'aimerais vous en proposer une : l'amour conscient est le degré de relation entre l'amant humain et le Bien-aimé divin. Et s'il est permis à cette relation de se réaliser, il en résultera une harmonie, une communion et même une union avec elle-même. Mais avant de nous aventurer dans cette zone, nous devrions regarder ce qui se dresse sur le chemin de l'amour : à savoir, l'égoïsme, j'entends par là toutes les motivations, les stratégies et les défenses du « faux soi ».

La négativité, le blâme et le jugement sont des filtres qui colorent et déforment ce que nous voyons. La peur, la suspicion et le désir affectent notre perception des autres.

Tous les états négatifs sont des ombres qui disparaissent lorsque la lumière de l'amour apparaît. Quand on peut percevoir un autre être humain avec les yeux de l'amour, non seulement se libère-t-on de cette perception déformée, mais cela nous aide aussi à transformer l'autre personne. Lorsqu'ils sont reconnus par l'amour, les gens sont plus enclins à laisser tomber le masque du faux soi. C'est peut-être pour cela qu'on se sent plus soi-même en présence d'un saint qui ne nous juge pas ni ne nous blâme ; on peut aussi trouver un côté positif dans un sentiment de honte en étant émerveillé de la miséricorde qui nous est accordée.

Atténuer l'égoïsme ne signifie pas abolir le sens du « je », cette identité sans laquelle nous ne pourrions même pas interagir et fonctionner, mais plutôt *purifier* le sens du « je ». Si on peut débarrasser le soi essentiel de ses déformations, de ses préjugés, de sa vanité, de ses peurs irrationnelles, de penser qu'il a raison et d'être sur la défensive, alors on se percevra d'une façon complètement différente.

> Mon âme est une fournaise
> heureuse avec le feu.
> L'amour, aussi, est une fournaise,
> et l'égoïsme est son combustible.
>
> (Rumi, *Mathnawi* II, 1376-7)

Toutes ces pathologies du faux soi sont comme de faux je qui méritent de se dissoudre et de mourir.

> Pour les amants, il y a une mort dans chaque moment :
> vraiment, la mort des amants n'est pas unique.
> On a donné à l'amant deux cents vies
> provenant de l'Âme qui guide ;
> à chaque instant, elle en sacrifie une autre.
> Pour chaque vie qu'elle donne, elle en reçoit dix :
> Tel qu'il est dit dans le Coran « dix comme eux »[1].
> (Rumi, *Mathnawi* III, 3834-5)

Comment guérir toutes ces pathologies de l'égoïsme ? Essentiellement, c'est la lumière de la Présence, la conscience éveillée qui reflète intrinsèquement le champ cosmique de l'amour. La Présence est un état de pleine conscience de soi qui englobe tout à travers laquelle on expérimente le champ cosmique de l'amour. En étant seulement présent avec un cœur ouvert, on entre dans ce champ de force puissant où on dissout les faux je. On cesse de défendre ces faux je en dissolvant simplement le ressentiment et la défensive qui les

1. Coran : Surah Hud 11.13. Cela signifie : quoi que nous donnions ou sacrifiions sera décuplé.

sous-tendent. Ce qui doit mourir n'est pas le sens du soi, mais la rationalisation et la justification qui créent ce *faux* soi. Ce qui doit mourir est la vanité qui maintient les illusions. Par ailleurs, quand on ne nourrit plus le blâme et le jugement des autres qui soutiennent le faux soi, on devient humble. Cette humilité n'a rien à voir avec la faible estime de soi : c'est plutôt la conscience de notre dépendance du champ cosmique de l'amour.

> L'amour murmure à mon oreille.
> « Être une proie vaut mieux qu'être un chasseur.
> Fais de toi mon Fou :
> renonce à ton rang élevé et deviens une
> poussière !
> Viens dormir à ma porte et sois un sans-abri :
> ne prétends pas être une chandelle, sois un
> papillon de nuit, pour que tu puisses
> savourer la Vie et contempler la souveraineté
> cachée dans la domesticité.
> (Rumi, *Mathnawi* V, 411-14)

Dans notre tradition, on emploie le mot « amant » pour décrire le chercheur. Ainsi, l'amant est très différent du croyant non pratiquant. Le croyant symbolique se tourne vers le Divin dans les moments de détresse ou dans les moments importants de la vie – naissance, mariage, mort. Toutefois, l'amant désire être continuellement en pleine conscience avec la Présence divine comme l'Amour.

Les amants ont une relation étroite avec le Divin.
Pour eux, le Divin est la beauté ultime. Ils sont plus passionnés à propos de Lui que l'adolescent dans ses premières affres de l'engouement.
Pour les amoureux, le seul professeur
est la beauté du Bien-aimé :
leur seul livre et lecture et leçon sont ce Visage.
En apparence ils sont silencieux,
mais leur mémoire pénétrante monte
jusqu'au trône élevé de leur Ami.
Leur seule leçon est l'enthousiasme, le tourbillonnement et le frémissement,
non pas les points précis de la loi.

(Rumi, *Mathnawi* III, 3847-9

L'ouverture à l'amour se fait par le cœur, qui est un instrument cognitif. C'est à travers le cœur que nous pressentons le Réel grâce à la Lumière de L'Amour.

Écoutez, ouvrez une fenêtre à Dieu
et commencez à vous délecter
en Le regardant par l'ouverture.
Le but de l'amour est de créer cette fenêtre dans le cœur,
parce que le sein est éclairé par la beauté du Bien-aimé.
Contemplez sans cesse le visage du Bien-aimé !
Écoutez, c'est en votre pouvoir, mon ami !

(Rumi, *Mathnawi*, VI, 3095-7)

L'amant spirituel dit : « Ma religion est de rester en vie par l'Amour. » Le voyage de l'amour est le voyage de chaque être humain à travers tous les niveaux d'être. Il n'y a pas de voyage plus vrai, plus réel, plus important. Et, en fin de compte, il n'y a pas de plus grand amour que l'amour sans objet, parce que vous êtes devenu l'Amour même. L'amour afflue sans cesse.

Réflexions contemplatives sur

Les blessures se dissolvent

Les blessures se nourrissent de blessures. Au fil du temps, si elles ne sont pas dissoutes, les blessures canalisent une constellation de colère, de douleur et de récrimination qui implosent en autodestruction ou explosent en violence envers les autres. Nous vivons dans un monde où les blessures sont contagieuses.

Les blessures sont souvent transmises aux autres et elles peuvent être entretenues pendant plusieurs générations, faisant des ravages en cycle incessant de sévices et de maltraitances. Mais ces cycles peuvent être habilement interrompus quand il y a un engagement au genre de vérité qui permet aux gens d'exprimer leur profonde douleur et de rêver ensemble à une nouvelle histoire.

Une blessure peut contribuer à déclencher l'éveil de l'âme et l'ouverture du cœur quand elle nous pousse à explorer ce qui constitue réellement la vérité durable, l'amour constant et la compassion véritable.

Les blessures croissent comme de la moisissure dans le champ sombre de l'énergie réprimée. Même la répression peut se propager telle une contagion dans l'inconscient collectif. Discerner la déformation de l'esprit et se rappeler comment notre énergie cherchait originellement un idéal contribue à dissoudre les toxines. Il y a toujours du bon au départ.

Le pardon a le pouvoir de dissoudre les blessures. C'est le pont qui mène à la réconciliation et à une vie nouvelle. Il libère l'attachement à l'état d'être blessé. Le pardon refuse d'être dominé par le ressentiment perpétuel.

Le non-jugement et l'écoute centrée sur le cœur dégèlent les couches de blessures, de solitude et de ressentiment. Nous nous sentons menacés quand on ne nous écoute pas.

L'amour inconditionnel est un vrai baume pour les blessures de rejet et les cicatrices de négligence. Il nous permet de respirer dans l'acceptation et fait fondre la résistance.

La justice punitive et vengeresse ajoute une blessure à une blessure. La justice réparatrice guérit. Le futur de l'humanité requiert une justice qui cherche à réparer la santé collective et à guérir la confiance rompue.

Le préjugé se manifeste en tant que haine des autres, mais il prend son origine dans la blessure de l'estime de soi meurtrie. Le préjugé se dissout quand on voit qu'il n'y a rien d'inadéquat avec soi-même. Quand on est entier, on ne peut considérer personne comme inférieur.

Les blessures peuvent rester en latence dans l'esprit, confinées et emprisonnées par la peur. La peur se transforme en colère, et la colère prend plusieurs déguisements. La colère prêche en chaire, nourrit la caisse des politiciens et se promène en limousine élégante. Puis, un jour la souffrance de l'oppresseur et celle de l'opprimé s'entrechoquent, souvent en blessant davantage. Mais avec de bons moyens avisés, toutes les blessures peuvent se dissoudre.

Le guérisseur sait comment libérer la souffrance piégée à l'intérieur des blessures. Cela commence en faisant fondre tout ce qui a été bloqué par les gardiens de l'engourdissement.

Le guérisseur blessé laisse aller tous les attachements à la souffrance prolongée et a le courage de s'aventurer dans l'inconnu et même d'affronter davantage de souffrances. Un tel guérisseur est un bel exemple d'abandon complet consistant à utiliser toutes les expériences pour sa croissance personnelle et le bien-être des autres.

Lorsque la maltraitance ou la persécution a cessé, si vous vous identifiez encore comme une victime, sentez la souffrance et laissez-la aller. C'est le travail de première ligne à faire pour un changement spirituel et social. Permettez à cet abandon de la souffrance de stimuler la perspicacité, la compréhension et la compassion, ainsi que la nouvelle énergie dont vous aurez besoin pour devenir votre Soi le plus créatif.

Si vous éprouvez de la difficulté à regarder les actes passés répréhensibles d'agresseurs, portez votre attention sur leurs blessures cachées. Servez-vous du pouvoir de l'empathie pour faire sortir la blessure cachée. Cela ne demande pas de minimiser la responsabilité : cela requiert l'engagement de s'attaquer aux causes de l'abus.

En présence de la lumière qui brille et de l'amour qui afflue, les blessures perdent leur pouvoir destructeur. Elles se dissolvent dans les bras de la paix, parce que l'esprit cesse enfin de s'emballer.

Les blessures se dissolvent

DE MICHAEL A. SINGER

Auteur des succès de librairie du New York Times, L'Âme délivrée *et* The Surrender Experiment, *Michael A Singer a fondé en 1975 le Temple of the Universe, un centre de yoga et de méditation pour toutes les confessions.*

Durant notre passage sur terre, tout ce que nous vivons passe par nos sens et imprègne notre esprit et notre cœur. Si ces expériences sont relativement impersonnelles, comme les lignes blanches sur la route, elles pénètrent en nous et elles ont un impact suffisant pour qu'on désire les expérimenter, puis elles reprennent leur chemin. Cependant, si nous accordons du pouvoir à ces impressions mentales avec de la crainte ou du désir, alors elles restent bloquées dans le mental. Mais elles n'y restent pas grâce à leur pouvoir ; elles demeurent là parce que nous les gardons – nous les retenons à l'intérieur de nous. Nous retenons intérieurement ces impressions désagréables parce que nous ne voulons pas les vivre pleinement. Nous les repoussons à l'intérieur, loin du siège de la conscience. Et pourtant, le fait de les repousser les garde bloquées à l'intérieur de nous. De la même façon que, si nous aimons ou avons besoin de quelque chose, on ne veut pas que ce sentiment parte – nous nous y accrochons mentalement. Dans les deux cas, ce que nous gardons s'intensifie et empêche l'énergie de circuler. C'est comme lorsqu'on dépose des roches dans un cours d'eau. Le courant circulait régulièrement, mais après y avoir mis les roches, il se crée des tourbillons et des courants, voire des rapides.

Tout ce que nous accumulons au cours de notre vie nous trouble intérieurement. Toute roche que vous plongez dans un courant perturbera son flux. Ces turbulences intérieures remontent et se manifestent régulièrement. Si nous voyons quelque chose qui nous rappelle ce que nous retenons à l'intérieur, même indirectement lié, toutes les émotions et pensées originelles se manifestent de nouveau. Quand cela se produit, soit nous tentons de les chasser, soit nous essayons de créer des pensées qui neutraliseront ces turbulences intérieures. Dans les deux cas, ces impressions du passé gouvernent notre vie. Parce que nous devons faire face à ces turbulences, nous passons à côté de la réalité du moment présent. Voilà pourquoi *la pleine conscience* est une pratique spirituelle plutôt qu'être notre état naturel.

Dans le yoga, on appelle ces expériences du passé emmagasinées « *samskaras* ». Ces samskaras, particulièrement celles qui sont négatives, sont comme des blessures que nous conservons à l'intérieur de nous. Quand elles sont activées, elles peuvent ressurgir avec une douleur intense. Elles ont été emmagasinées dans la douleur et elles ressurgiront avec de la douleur. Même les choses positives qui nous sont arrivées, puisque nous voulons qu'elles se reproduisent, peuvent être la source de grandes déceptions et nous blesser. Finalement, toute chose du passé que nous retenons à l'intérieur de nous et qui est chargée de peurs et de désirs crée des blessures qui ressurgiront et nous perturberont au cours de notre vie.

La plupart des gens qui ne comprennent pas ce qui leur arrive essaient de manipuler et de contrôler le monde extérieur pour qu'il n'entraîne pas de tumultes qui les rendent inconfortables. Ainsi, les blessures du passé gouvernent notre présent. Et si nous n'y faisons pas attention, elles gouverneront le reste de nos vies.

En ce qui concerne la spiritualité, quelle que soit la voie que nous suivons ou l'approche que nous utilisons, elle consiste à enlever ces blocages. En les supprimant, nous supprimons la possibilité d'être blessés par ces expériences passées. Après tout, le monde ne peut pas nous blesser. Le monde est une expérience qui s'offre à nous, et nous apprenons et grandissons à partir de cette expérience. S'il nous a blessés, c'est parce que nous avons combattu cette expérience et l'avons gardée à l'intérieur. Si cela ne se passe plus à l'extérieur, pourquoi cela crée-t-il de la turbulence intérieure ? C'est parce que nous ne l'avons pas laissé aller. Il est vrai qu'il peut être difficile de permettre à certaines expériences douloureuses de nous pénétrer. Ce sera toujours mieux pour vous de considérer le passé comme une expérience, puis de la laisser aller. Cela fera toujours partie de vous ; vous ne perdez rien en ne lui résistant pas. En fait, vous devenez meilleur grâce à toutes les expériences que vous vivez.

Par conséquent, l'élimination de blocages en lien avec le passé ressemble à l'élimination de blessures. Mais comment faire pour se débarrasser de ces blocages ? On doit d'abord arriver à comprendre qu'ils sont la cause de tous nos problèmes, tant au niveau personnel que collectif. Parce qu'on ne se sent pas bien intérieurement, on est enclin à manipuler le monde qui nous entoure, ce qui nous porte à maltraiter les autres et nous mène même jusqu'à la guerre. Si nous pouvons laisser aller les impressions du passé que nous retenons intérieurement, le monde perçu par nos sens peut devenir une expérience très enrichissante. Le coucher du soleil est beau, le lever du soleil est beau, la pluie est belle, la neige est belle, le froid est beau, la chaleur est belle. Un tas de situations ne sont que des expériences que nous vivons. Si nous sommes prêts à les vivre et à les laisser aller, nous commençons à apprécier la vie. Lorsque nous abordons la vie avec respect, nous commençons à voir toute la majesté de la création s'exprimer à travers tout ce qui se déploie devant nous. Que vous l'aimiez ou pas, vous commencez à être en admiration devant l'existence même des choses. Tout ce qui défile devant vous a mis 13,8 milliards d'années pour y parvenir. Voilà comment un être spirituel voit le moment présent. Mais cela ne peut arriver lorsque nous retenons ces blessures intérieures du passé. Notre manière de percevoir le monde n'est que le reflet de ce qui se passe en nous.

Heureusement, toutes les impressions passées que nous avons emmagasinées peuvent être libérées. Si nous sommes d'accord pour les laisser monter et ne pas les enfouir de nouveau, elles disparaîtront d'elles-mêmes. Il y a un système de guérison naturel dans votre flux d'énergie. C'est comme votre corps physique. Le corps physique possède un système immunitaire miraculeux qui travaille jour et nuit à sa mission purificatrice. Il en est de même avec votre mental et votre cœur. Les impressions que vous avez emmagasinées, qui occasionnent des bouleversements dans le flux d'énergie, doivent être supprimées. Ce flux d'énergie, auquel nous avons donné différents noms selon différentes cultures (*shakti, chi, esprit, flot*), tente d'éliminer ces blocages. La seule raison qui fait que ces différentes approches en sont incapables vient du fait que vous ne le leur permettez pas. Vous ne voulez pas vivre la douleur, le bouleversement qui accompagne la purification. Une personne sage traite ce processus exactement comme si elle essayait de cesser de fumer ou de se défaire de toute autre dépendance. Vous devrez passer par une période d'inconfort. Mais après cette période, vous serez libéré.

Vous devez apprendre à travailler consciemment avec les blocages en permettant au flux d'énergie de les faire monter afin qu'ils puissent être relâchés. Si le monde réveille une douleur passée, c'est bien parce que cela vous donne l'opportunité de la laisser aller. Si elle n'avait pas été emmagasinée à l'intérieur, elle n'aurait pas ressurgi. Vous devez décider : est-ce que je veux passer toute ma vie à éviter ces blocages, ou est-ce que je veux maîtriser l'art de les laisser aller ?

Une personne sage laisse aller encore et encore. Vous n'avez qu'à relaxer volontairement en affrontant ce bouleversement et permettre aux blessures de se dissoudre. Avec le temps, vous constaterez qu'un tas de choses se produisent. Un, vous réagirez moins à tout ce qui se passe devant vous. Vous commencerez à apprécier, à honorer et à respecter la création, au lieu d'en avoir peur ou d'éprouver la nécessité d'en tirer avantage. Deux, étant donné que vous avez éliminé ces blocages de votre flux d'énergie, vous commencerez à ressentir une formidable énergie monter en vous. Ce flux est enivrant et extrêmement beau. Où auparavant il n'y avait que peur et anxiété, règnent maintenant joie, enthousiasme et passion pour tout.

Ce flux d'énergie, parce qu'il a été libéré de tous ces blocages, est un cadeau que vous avez gagné par le travail intérieur que vous avez entrepris. La dissolution des blessures ne se fait pas juste en se débarrassant de quelque chose de négatif, il se transforme en quelque chose d'extrêmement positif. Au final, ce merveilleux flux d'énergie devient toute votre vie. Il est si puissant que vous ne pouvez pas vous empêcher de vous y abandonner. Et la vie continue de se dérouler devant vous, et vous y faites face. Mais vous l'affrontez avec joie et enthousiasme, non en la craignant ni en éprouvant le besoin de vous en protéger.

Au final, vous constaterez que la dissolution des blessures est toute la voie spirituelle. L'unique raison qui fait que nous sommes séparés de l'Universel est que ces blocages nous ont séparés. Lorsque ces blocages disparaissent, toutes les eaux fusionnent de nouveau.

Réflexions contemplatives sur

La paix rayonne

Il ne peut y avoir de paix tant qu'on ne mettra pas fin à notre rébellion contre sainte dame nature et jusqu'à ce qu'on redécouvre le savoir ancestral de notre filiation avec la nature et la famille de tous les êtres. La nature est la manifestation de la paix qui rayonne pour toute vie.

La paix est le rayonnement qui émane des racines de chaque être. Elle fait rayonner une gratitude infinie pour le don de vie et véhicule les codes harmoniques de toute existence provenant du cœur de l'univers.

La paix est à la fois tranquillité et mouvement. C'est une fraîcheur sans fin et un renouveau total qui nous sont offerts quand nous prions, quand nous contemplons, quand nous maintenons des relations, offrons un service désintéressé, et quand nous incarnons le courage et la conscience.

La paix est le portail
du mystère sacré de la transformation
humaine et de la compréhension du plan
spirituel de l'humanité.

La paix est dénuée de toute passivité.
Mais elle est soleil et lune, à la fois
active et réceptive.

Ayez une conscience vivement attentive afin de vivre en harmonie avec votre conception morale en constante évolution. Le monde est rempli de conflits moraux, tendez donc l'oreille avec confiance à la voix de votre Soi supérieur. Soyez toujours prêt à remettre en question votre opinion. Sachez qu'on vous a demandé de suivre le chemin de l'essentiel, même lorsque des raisons objectives tentent de bloquer votre instinct profond. La paix fait appel à l'implication tout au long du chemin, à partir de la toile profonde de l'âme jusqu'à l'action écologique des communautés pleinement incarnées manifestant la transformation sociale.

Toute action qui provient du cœur de votre être s'unit à la source de tout être. Recherchez le point de rencontre entre le Soi local et le Soi universel. Peu importe que votre premier geste soit de calmer votre esprit, de battre du tambour, d'élever la voix ou de vaincre une ancienne peur, célébrez votre choix de laisser tomber la passivité et d'embrasser l'action créative.

Le chemin menant à la paix du monde est le chemin de la connexion du déconnecté. Même quand nous pensons voir le tout, nous n'avons qu'une vue partielle. Faites que chaque contact soit une connexion de qualité. Dans un monde d'interconnexions, vous ne savez jamais quelle différence cela fera – cela peut être considérable.

La paix donne toujours : elle donne la voix et elle donne le silence ; elle donne la présence et elle donne l'espace ; elle donne le respect et elle donne du soutien. Mais plus que tout, la paix donne à la créativité le courage d'évoluer au-delà de toute forme de résistance.

La paix est profondément réceptive.
Elle est capable d'accueillir la souffrance,
la douleur et le blâme avec équanimité,
et elle demeure profondément
harmonisée à la souffrance des autres.

La paix sourit
sereinement parce qu'elle
sait ce qu'elle sait.

La paix est un sacrifice de Soi joyeux. Ce type de sacrifice n'est pas autodestructeur. C'est un choix conscient d'agir à partir d'un principe supérieur d'inclusion qui transcende l'intérêt personnel.

La paix ne se replie pas dans la contemplation. Elle engage des forces destructrices par le biais de l'empathie, de la lucidité morale, du courage et de la pleine conscience.

La paix n'abdique jamais face à la certitude maussade des esprits violents. Elle lutte dans le doute tout en explorant sans relâche ce qui est réel et vrai. La paix sait que certaines vérités sont perpétuelles et que d'autres évoluent.

La vraie paix est justice. Justice économique, justice écologique et justice sociale sont toutes incluses dans une vision de la paix qui s'étend à partir du plus profond de l'âme jusqu'à la pleine expression d'une paix globale et de la correction de toutes les injustices systémiques.

La paix est puissante, féconde et fertile. Elle donne la vie. Mais elle commence par combattre de façon créative l'oppression dans le ici et maintenant à partir d'un lieu intérieur qui est vivant et libre. C'est pourquoi la paix est l'axe de ce que nos ancêtres appelaient « le grand cercle de la vie ».

La paix n'est pas absence de guerre.
C'est la présence envahissante d'une
connexion pleine de compassion.

La paix s'épanouit quand on permet au conflit de faire surface par des moyens salutaires. La paix n'étouffe jamais la contestation.

La paix nous guide en dialoguant avec l'esprit supérieur qui, lui, voit au-delà des différences polarisées. « Dia » signifie à travers ; « logos » est la parole ou la raison. Dia-logos ou dialogue a lieu quand on communie de façon à accéder ensemble à notre sagesse supérieure.

La paix ne possède pas de stratégie distincte ni de plateforme idéologique. La paix est le reflet d'un système d'écologie planétaire et de principes universels d'harmonie et d'équilibre que nous perturbons au péril de la vie de tous.

Sachez que vous êtes en paix et souriez tout le long du chemin. Prenez conscience lorsque vous ne faites qu'exhiber un sourire par opposition à quand il irradie de votre cœur, éclairant une rencontre d'âme à âme avec une autre personne.

Rappelez-vous que les blessures, même celles qui persistent, vont se dissoudre un jour. La paix s'imposera.

Vous écoutez pour pouvoir insulter et vous disputer. Pourquoi ne pas écouter pour la paix ? L'écoute véritable a besoin d'un esprit tranquille qui disposera d'une attention perspicace et d'une volonté d'établir des liens. La guérison du champ collectif des blessures transmises peut survenir dans le monde seulement lorsque les leaders pratiquent l'écoute authentique.

La paix est active, non passive. Considérez à quel point vous pouvez être son témoin vigilant et proactif et son instrument créatif. Vous n'avez pas à courir dans les rues pour commencer ce travail. Commencez par déterminer les zones conflictuelles dans votre tête et votre cœur. Mais ne vous en tenez pas qu'à cela.

La paix active l'énergie et le pouvoir subtil. Elle n'emploie pas la force. Permettez au pouvoir subtil de la paix d'être ce que vous respirez quand vous entrez dans des environnements turbulents et hostiles. Devenez un activiste subtil.

Soyez franc. Dites la vérité sans violence. La paix est une façon de vivre, mais elle est également une stratégie. Vérifiez si une partie de vous n'est pas recroquevillée dans un coin ; si c'est le cas, levez-vous de toute votre grandeur. La communication non violente vous enseigne comment écouter et aussi comment être entendu.

La relaxation profonde est importante, mais on ne devrait jamais la confondre avec la paix. La paix est une résonnance de l'appel de l'illumination et de la réponse éclairée, ce qui vous garde près d'une conscience grandissante qui est basée sur la pensée favorisant la terre entière et axée sur le service.

L'esprit bavarde sans arrêt parce qu'il est toujours affamé et qu'il recherche la substance véritable. Quand il apprend à communier avec le cœur et l'âme, il se rend compte que la véritable nourriture c'est la paix. Quand on est nourri par une vision de paix, on développe un engouement authentique pour la collaboration avec les autres.

La paix sur terre rayonne grâce au partage et non par l'appropriation. Nous devons partager la sagesse spirituelle et la perspicacité culturelle. Nous devons aussi partager les technologies de connectivité sociale et collaborer à mettre en place une économie de partage.

La paix est l'essence de l'éveil de l'âme. Je proviens de la paix ; je retournerai à la paix. Ce voyage à travers les vies, témoin de la cruauté, de l'oppression et de la guerre, confirme irrévocablement pour une multitude croissante de gens que la paix est le moyen utilisé par toutes les âmes éveillées.

L'âme s'éveille pour manifester la paix originelle dans les cœurs d'une nouvelle humanité. Nous allons de façon inexorable au-delà de la souffrance pour pratiquer l'art de célébrer sans peur.

La paix rayonne

PAR MONA POLACCA

Amérindienne havasupai, hopie et tewa, Mona Polacca est connue comme une sage et elle est membre du Conseil International des 13 grands-mères indigènes.

La paix est le rayonnement qui émane des racines de chaque être. Elle fait rayonner une gratitude infinie pour le don de la vie et véhicule les codes harmoniques de toute existence provenant du cœur de l'univers.

Mes très chers parents, vous êtes le cadeau de la vie, vous êtes le fil béni qui nous lie aux générations passées de vos ancêtres et aux générations futures, celles que nous ne connaîtrons pas.

Je vous embrasse tous, mes merveilleux parents du monde entier. Parce que c'est la façon hopie de saluer, la main ouverte aux autres nations pour montrer que je viens dans la paix.

La paix est à la fois tranquillité et mouvement. C'est une fraîcheur incessante et un renouveau…

Quand vous progressez, il y a des moments dans la vie où vous vous surprendrez à regarder l'immensité du ciel pour observer sa présence sans limites.

La paix est le portail du mystère sacré de la transformation humaine et de la compréhension du plan spirituel de l'humanité.

Vous accueillerez chaque jour la bénédiction du grand mystère en sortant de chez vous. Devant vous, il y a le bienfait d'une nouvelle journée. Vous pouvez ouvrir votre cœur, votre mental et votre esprit afin de recevoir les enseignements qui vous feront comprendre les cadeaux qui vous sont réservés tout au long de la journée.

Vous commencez en éprouvant de la gratitude pour tous les éléments que vous donne la vie : l'eau, l'air, le feu (le soleil) et la Terre mère.

La paix donne toujours : elle donne la voix et elle donne le silence; elle donne la présence et elle donne l'espace...

Si vous vous attribuez un instant pour prendre conscience de votre bien-être, vous réaliserez qu'à l'intérieur de vous réside une merveilleuse énergie qui vous révélera la compréhension qui apaisera votre âme, permettant à tout votre être d'être submergé par ce flux d'énergie appelé « paix ».

La paix n'est pas l'absence de guerre. C'est la présence envahissante d'une connexion remplie de compassion.

Lorsque nous sommes en paix, nous écoutons davantage et sommes beaucoup plus patients, trouvons des solutions plus spontanément au lieu d'entretenir les hostilités.

Plutôt que vivre dans la peur et être déconnectés de la paix, vivons dans la connexion et l'harmonie, peu importe les circonstances externes de notre vie.

La paix est le reflet d'un système d'écologie planétaire et de principes universels d'harmonie et d'équilibre que nous perturbons au péril de la vie de tous.

En observant la Terre à une distance de 300 kilomètres dans l'espace, il n'y a aucune division. Il est tout à fait évident que nous formons une seule famille sur terre. Ce constat fondamental, aussi simple qu'il semble, comporte de bouleversantes implications. Si nous acceptons que tous les gens, les animaux et les plantes, et même les forêts et les poissons, fassent partie de notre famille, alors nous sommes guidés à agir pour soutenir la vie, et notre conception du monde est plus ouverte en incluant toutes les formes de vie et tous les êtres.

En nous éveillant à l'essence de la paix intérieure, nous rencontrons des alliés et des mentors qui nous guident, et si nous nous efforçons consciemment d'écouter ce que disent nos aînés, nous pourrons un jour vivre dans la paix.

La clé est de savoir qu'à l'intérieur de nous, tout est en place pour que la créativité et la grâce descendent sur nous. Il est maintenant temps de nous éveiller, le temps de prendre conscience que nous sommes reliés et connectés les uns aux autres. C'est réellement le temps de prendre conscience de notre existence dans ce monde et de ce que cela signifie d'être un humain.

Il est important de savoir que nous n'existons pas de manière indépendante : la blessure de quelqu'un est la blessure de tous. La paix, qui est l'honneur de quelqu'un, est aussi l'honneur de tous. Que la paix soit avec vous.

Voici une très belle prière hopie :

Grand Esprit et tous ceux qui sont invisibles, nous prions aujourd'hui et Te demandons de nous guider, nous Te demandons humblement de nous aider, nous et tous nos semblables, à avoir recours à tous les comportements pacifiques face à la malhonnêteté sauvage du genre humain. Aide-nous à nous aimer les uns les autres, et non à nous haïr.

Nous Te demandons de Te manifester sous une image d'Amour et de Paix. Laisse-nous être vus dans la beauté des couleurs de l'arc-en-ciel. Nous respectons notre Mère, la planète, par notre affectueuse attention, parce que de Son sein nous recevons notre nourriture.

Fais que nous n'entendions pas les voix des destructeurs de l'esprit, des ennemis et des leaders autodidactes, dont la soif de pouvoir et de richesse nous précipiteront dans la confusion et la noirceur.

Recherchez toujours la beauté du monde plutôt que la violence ou les champs de bataille.

Il est de notre devoir de toujours prier pour que l'harmonie règne entre l'homme et la terre afin que la terre s'épanouisse une fois de plus. Permets-nous de montrer notre emblème d'amour et de bienveillance pour la vie et la terre.

Priez pour la Maison de verre, parce qu'à l'intérieur il y a des esprits aussi clairs et purs que la glace et les sources des montagnes. Priez pour les dirigeants des grandes nations de la Maison de mica qui par leurs moyens pacifiques contribuent à l'équilibre de la terre.

Nous prions le Grand Esprit pour qu'un jour la Terre mère soit purifiée et en santé. Chantons pour que la force de la sagesse soit avec toutes les nations, pour le bien de tous les êtres humains. Nous n'avons pas encore perdu espoir, la purification est nécessaire pour restaurer la santé de la Terre mère afin que la paix et le bonheur soient durables.

Techqua Ikachi – Pour la terre et la vie ![2]

2.Cette prière, publiée dans le *Hotevilla: Hopi Shrine of the Covenant — Microcosm of the World* par Thomas E Mails et Dan Evehema, a été offerte par les représentants de la nation hopie à la « House of Glass/Mica » — autrement dit, les Nations Unies.

15 concepts spirituels clés

1 La conscience évolue vers l'illumination par l'éveil de l'âme

D'un point de vue spirituel, la conscience se déploie par phase de développement jusqu'à son plein éveil. Tout au long de sa floraison, la conscience humaine est à un point charnière quand elle est poussée vers l'intérieur dans la révélation de soi. Lorsque cela se produit, on se détourne d'un mode de vie axé sur les événements externes et on s'ouvre de plus en plus à une conscience de vie intérieure guidée par l'amour et la sagesse et la quête effrénée de l'incarnation d'une vérité permanente. On définit cet axe de transformation « l'éveil de l'âme ». La religion, avec son ensemble de dogmes figés, est faite pour nous guider au-delà des couches denses de la conscience et des aspects grossiers du comportement humain. La spiritualité est plus spontanée et elle est l'entrée sur les plans subtils de la conscience où survient l'éveil profond.

2 La conscience est répandue dans tout le cosmos

La conscience est un champ unifié. Même si on a des pensées et des idées qui diffèrent de celles des autres, on partage tous la conscience, ce qui rend possible la pensée individuelle. La conscience est à la création ce que l'eau est à la biologie. La conscience crée tout, et elle ne se limite pas aux humains. Dans sa dimension pure, sage et puissante, elle est la source et la force de l'évolution.

3 **On apprend et grandit suite à une succession de vies**

La réincarnation permet d'apprendre et de croître à partir d'expériences contrastées. Chaque expérience grave son empreinte d'une vie à l'autre. On doit vivre tout un éventail d'expériences pour surmonter l'effet du conditionnement d'une de ces impressions. Tôt ou tard, la réincarnation nous donne une perspective à 360 degrés pour voir la réalité clairement. On traverse toute une panoplie d'expériences : richesse et pauvreté, maladie et santé, succès et échec jusqu'à ce qu'on découvre ce qui compte vraiment dans l'éternité.

4 **Nous, les êtres humains, faisons un avec la vie : il n'y a aucune séparation**

Le génome humain est le livre de la vie. L'ADN est une partie de la trame de toute vie sur terre. On devient pleinement adapté et on acquiert une conscience évoluée en faisant partie intégrante de la création, non pas comme un être qui est séparé des autres êtres vivants. Lorsque l'humanité appréciera pleinement cette vérité première, elle entrera dans la phase spirituelle de son voyage vers un éveil de l'âme, une justice sociale et un équilibre écologique collectifs.

5 **L'éveil débute lorsque le cœur s'ouvre à l'amour**
On évolue sur le plan spirituel grâce à l'ouverture du cœur. L'espace intérieur du cœur est aussi vaste que l'univers lui-même. On a tendance à encombrer le cœur par l'égoïsme, l'envie, le fantasme, l'inquiétude et la peur. Le grand voyage débute lorsque le cœur reste ouvert malgré tout cela et lorsque l'amour est vécu comme une force de connexion universelle avec toute la vie. Le cœur est la clé pour expérimenter la globalité en nous et l'unité avec toute la création.

6 **Une lumière indivisible brille à l'intérieur de tous**
Lorsqu'on découvre la lumière qui brille dans le cœur, on découvre qu'elle est la lumière primordiale et originelle. On est conditionné à associer la lumière à la noirceur, mais cette lumière est indivisible. Les mystiques l'appellent « la noirceur lumineuse ». C'est la lumière qui embrasse tout : la lumière du regard intérieur de la conscience même.

7 **Guérir le monde signifie laisser aller les blessures**
Être attachés à nos blessures et nous identifier comme victimes est une source de souffrance affreuse et d'une violence insoupçonnée. Il est essentiel de dissoudre ce raisonnement toxique qui perpétue le ressentiment, l'apitoiement de soi, la haine et la colère afin d'amener la guérison et la paix dans la société.

8 **L'amour inconditionnel harmonise le monde**
Tant de choses qui passent pour de l'amour dans notre monde sont plutôt de l'affection, de l'attirance, de l'admiration, de la dépendance, de la sécurité ou de la complaisance affective. D'un point de vue spirituel, l'amour représente tellement plus que ces états d'âme. Il connecte, mais n'établit pas de conditions et n'impose pas de limites. L'amour unit tout en laissant libre : il ne peut être imposé à qui que ce soit. Il s'exprime à travers le service désintéressé. L'amour afflue parce qu'il est autogénérateur et inconditionnel. L'amour est inclusif. L'amour voit la beauté fondamentale dans chaque être, même si cette beauté est bloquée par le jugement sévère et par une pensée dogmatique qui divise.

9 **Les plans de conscience évoluent progressivement de la dimension physique jusqu'à l'illumination**
Il y a différents plans de conscience. L'intensité du plan physique est tellement forte que la conscience s'embourbe dans la matière. Ce qui fait qu'on tombe dans le piège de se considérer essentiellement comme des êtres physiques. L'évolution spirituelle survient quand la conscience augmente son énergie subtile, où elle devient libre de toute domination matérielle. Il y a plusieurs niveaux de conscience subtile avant d'atteindre les plans de l'esprit purifié et du discernement parfait.

10 La conscience non duelle guérira le Soi et le monde
La dualité fonctionne de façon efficace et nécessaire à un niveau de conscience. Il y a des antagonistes non seulement en physique et dans les lois de la nature, mais aussi dans la moralité. Il y a le bien et le mal, il y a l'attirance et la répulsion. Mais sans nuire à la dualité, les niveaux supérieurs de conscience nous guident vers la non-dualité pendant notre voyage de retour vers une unité parfaite. Quand on voit d'un point de vue non dualiste, la vérité scientifique où tout est interconnecté et interdépendant devient une réalité existentielle. Visualiser les familles, les communautés, les nations et finalement la civilisation globale émerger de la conscience non dualiste est une vision qui nous inspire tous.

11 La paix est une manière d'être, non une résolution de conflits
La paix est une pratique issue de l'apprentissage à fusionner avec un état d'être rayonnant et dynamiquement paisible. La paix est un code central d'existence : on évolue dans la paix. Avec la paix viennent la foi et la confiance en l'autre. Afin de vivre en paix, nous devons apprendre comment *être* la paix et comment *pratiquer* la paix. Dès leur enfance, on doit enseigner à nos enfants comment respirer la paix, comment parler de la paix et comment construire la paix au milieu des conflits et des bouleversements.

12 La sagesse véritable croît avec la prière plutôt qu'avec l'intellect

Notre évolution ne se fait pas de façon linéaire. Dans chaque bond en avant, on rencontre des échecs et des obstacles jusqu'à ce qu'on intègre ce qu'on doit apprendre. Plus on évolue, plus les défis auxquels on doit faire face sont importants, mais avec le temps on devient mieux outillé pour les affronter. Ce qui est nécessaire, cependant, ce n'est pas un type d'apprentissage unidirectionnel, mais plutôt une communion collective intense avec la conscience supérieure même. Une cohérence et une sagesse profondes émergent d'un tel processus. Pour atteindre ce niveau, l'intellect seul ne suffit pas. On doit aussi se tourner vers la prière et la contemplation. Nos prières, intégrées dans notre aspiration la plus profonde, ont toujours exprimé notre plus grande sagesse. Aujourd'hui, il nous faut des prières qui s'harmonisent avec ce que nous savons être vrai et avec les frontières émergentes de la connaissance. On a besoin de prières qui invoquent notre aspiration suprême. Les prières pour la transformation globale de l'humanité qui communie ensemble nous ramèneront la paix.

13 La compassion, fondée sur l'amour et la compréhension, guérit profondément

Nous vivons à une époque où la compassion est essentielle. Il ne peut y avoir de compassion sans compréhension. La compassion n'est jamais un concept abstrait.

Il ne peut y avoir de compassion pour celui qui est profondément rancunier sans comprendre comment son ressentiment émane d'espoirs et d'aspirations déçus. Il ne peut y avoir de compassion pour ceux qui sont contaminés par un matérialisme débridé et une cupidité démesurée sans comprendre comment ils sont enfoncés dans un vide affectif. Il ne peut y avoir de compassion pour les toxicomanes sans comprendre jusqu'où quelqu'un peut être empêtré dans des cycles de hauts et de bas biochimiques ou comment on peut s'en défaire en ravivant la volonté supérieure.

On ne peut éprouver de compassion pour ceux qui sont incapables de sollicitude ou d'empathie sans comprendre ce que signifie n'avoir jamais vécu l'amour inconditionnel. On ne peut éprouver de compassion pour les criminels et autres malfaiteurs sans comprendre comment la bonté peut se détériorer peu à peu.

On ne peut éprouver de compassion pour les fanatiques raciaux et religieux jusqu'à ce qu'on comprenne à quel point les blessures refoulées dans l'inconscient endossent un habit de droiture et de supériorité. On ne peut éprouver de compassion pour les gens qui sont rongés par la haine jusqu'au moment où on comprend réellement comment seul l'amour peut triompher de la haine.

14 Les manquements moraux, remis en question héroïquement, sont des opportunités de croissance

Pour chacun des sept péchés capitaux (l'orgueil, la luxure, la paresse, la cupidité, la colère, la gourmandise et l'envie), il y a, sur le plan symbolique, une « porte de l'enfer » distincte, et aussi une occasion unique de faire un apprentissage évolutif. Ceux qui succombent à un de ces soi-disant vices occupent l'univers psychologique et énergétique de l'enfer appartenant à ce vice. La personne peut devenir un attracteur « démoniaque », sa dépendance leurrant les autres dans la tare qui domine sa psyché ; ou elle peut s'engager dans une bataille héroïque et rédemptrice pour surmonter sa difficulté.

Les sept péchés capitaux ont le pouvoir de causer un tort profond au Soi, mais il y a une dimension vraiment inspirante et encourageante à vaincre toute forme de dépendance. On pourrait appeler cela une mission évolutionnaire de premier plan. Chaque fois qu'on s'engage à se défaire des couches de comportement qui nous paralysent et nous empêchent d'être notre vrai Soi, on crée un contexte pour l'apprentissage évolutionnaire. Lorsque cela se produit, une des sept barrières de l'enfer crée une mince fissure, jusqu'à ce qu'un jour, après que suffisamment de gens se seront libérés sur le plan spirituel de ce péché, on aura appris en tant qu'espèce tout ce qui est nécessaire, et cette barrière restera à jamais ouverte.

Ceux qui jugent l'orgueilleux, le gourmand, le paresseux et ainsi de suite, devraient se demander s'ils ont contribué à ouvrir une des « portes de l'enfer » ou participé à une courbe d'apprentissage évolutionnaire difficile pour contribuer à donner naissance à une nouvelle humanité. Au final, comme l'attestent les maîtres spirituels, aucune âme ne devrait être laissée pour compte.

15 La prière consiste autant à écouter qu'à demander ou à remercier

La science confirme que lorsqu'on écoute, il se produit quelque chose de très étonnant : la biochimie de notre corps change véritablement ; et plus on écoute, plus important est le changement. L'écoute attentive calme la réaction combat-fuite face à la peur du cerveau moyen et organise le calme mental et la cohérence cardiaque.

Plus étonnant encore, votre propre écoute peut avoir plusieurs de ces effets sur la personne que vous écoutez. L'écoute sincère semble créer un champ qui entraîne une résonnance de plus en plus grande. Il vous est sûrement déjà arrivé de sentir que vous communiiez profondément avec un autre simplement par le fait d'écouter. Si on transpose cette idée à un autre niveau, on peut voir que la scène politique pourrait être complètement transformée par l'écoute attentive.

Quand l'écoute est véritablement partagée, cela peut être apaisant et gratifiant non seulement sur le plan émotif, mais également sur le plan spirituel.

Nous avons tendance à considérer la prière comme une supplication ou une affirmation : on demande quelque chose ou on chante des louanges. Mais essayez la prière au niveau de l'écoute : écouter votre voix véritable monter de la tranquillité intérieure ; écouter la guidance mystérieuse se transformer en intuition profonde ; écouter la souffrance de l'humanité et sa quête insatiable de justice et de joie ; et écouter comme si on touchait et goûtait l'ineffable.

Biographies des collaborateurs

Auteur de la préface

Lynne McTaggart

Une des porte-parole du mouvement de nouvelle conscience, Lynne McTaggart est l'auteure primée de sept livres, incluant les succès de librairie mondiaux *Le champ unifié, The Intention Experiment, Le lien quantique* et *The Power of Eight.* Ses livres ont été traduits dans près de 30 langues. Lynne est également l'architecte d'Intention Experiment, un « laboratoire global » accessible sur le web qui est éminemment présenté dans l'intrigue de la superproduction de Dan Brown *Le symbole perdu.* En tant que directrice de la rédaction de *What Doctors Don't Tell You* (www.wddty.com), elle est aussi responsable d'un des magazines les plus encensés sur la santé, maintenant publié dans 14 pays.

Résidant à Londres, Lynne est une conférencière internationale accomplie sur la science de la spiritualité. Ses documentaires sur le sujet comprennent *What's the Bleep ?! Down the Rabbit Hole, I Am* et *The Abundance Factor.* Elle est régulièrement répertoriée comme l'une des 100 personnes les plus influentes du monde spirituel. Son site web est lynnemctaggart.com.

Collaborateurs invités pour les essais (Par ordre alphabétique)

Kabir Helminski

Kabir Helminski est un traducteur des ouvrages de Rumi et d'autres mystiques soufis et, depuis 1990, un cheikh de l'ordre mevlevi (qui remonte à l'époque de Jalaluddin Rumi). Il est également codirecteur de The Threshold Society (sufism.org) et directeur/fondateur du Baraka Institute (barakainstitute.org), deux fondations d'enseignement à but non lucratif qui ont mis sur pied des programmes pour établir une structure pour la pratique et l'étude de la psychologie spirituelle et le soufisme. De 2000 à 2010, il a été codirecteur de Book Foundation (thebook.org) où il a publié l'ouvrage de Muhamad Asad et développé une série de livres sur l'éducation islamique. Depuis 2009, Kabir est désigné comme l'un des « 500 musulmans ayant le plus d'influence dans le monde ». Il a effectué une tournée en Amérique du Nord comme cheikh avec les derviches tourneurs de Turquie, faisant connaître la culture soufie à plus de 100 000 personnes.

Son travail contribue à un nouveau langage de la spiritualité pour exprimer les vérités fondamentales psychologiques et métaphysiques du processus spirituel. Ses livres sur la spiritualité, *Living Presence* et *The Knowing Heart*, ont été publiés dans plus de huit langues. Parmi ces dernières publications il y a : *Love's Ripening, Rumi on the Heart's Journey*; et *The Rumi Daybook*. En 2017, une édition commémorative pour le 25e anniversaire du classique, *Living Presence,* a été publiée par Tarcher Penguin dans leur série «Spiritual Cornerstones».

Kabir écrit régulièrement des articles et des blogues pour *The Huffington Post, Tikkun,* patheos.com et *The Times of India.*

Anodea Judith

Anodea Judith, PhD, est l'auteure de plusieurs livres à succès dans le domaine de la spiritualité, de la psychologie et du changement social. Elle détient un doctorat en santé et services sociaux, avec une spécialisation en guérison corps-esprit et une maîtrise en psychologie clinique. Ses livres sur le système des chakras, conciliant les disciplines orientale et occidentale, sont considérés comme novateurs dans le champ de la psychologie transpersonnelle et sont utilisés comme textes de référence aux États-Unis et ailleurs dans le monde. Avec un million de livres imprimés dans 14 langues, elle a gagné une solide réputation d'érudition. Elle est également reconnue sur le plan international pour ses conférences et animations d'atelier dynamiques. Elle est fondatrice et directrice des Sacred Centers, une organisation à caractère pédagogique qui propose des ateliers et des téléconférences sur les chakras, le militantisme évolutionnaire, le yoga, des techniques de manifestation, etc. (www.sacredcenters.com). Son livre *The Global Heart Awakens,* qui cartographie le mouvement de l'amour du pouvoir au pouvoir de l'amour, a gagné deux prix littéraires. Elle enseigne et donne des conférences partout dans le monde.

Ervin László

Deux fois en nomination pour le prix Nobel de la paix, Ervin László a reçu le Goi Peace Prize en 2001. Il a écrit plus de 70 livres, lesquels ont été traduits en 20 langues, et il a publié au-delà de 400 articles et rapports de recherche.

Ces dernières années, son travail s'est concentré sur le « paradigme akasha », une nouvelle conception du cosmos, de la vie et de la conscience émergeant à l'avant-garde de la science contemporaine. Il est président du Club de Budapest, président du Ervin László Center for Advanced Study, chancelier de l'université Giordano Bruno New-Paradigm, et éditeur de *World Futures: The Journal of New Paradigm Research.*

Il est récipiendaire d'un doctorat en philosophie et en sciences humaines de l'Université de la Sorbonne, à Paris, ainsi que du convoité diplôme de l'Académie de musique Liszt Ferenc de Budapest. Il a aussi reçu des récompenses et distinctions complémentaires dont quatre doctorats honorifiques. Il est un conseiller du directeur général de L'UNESCO, ambassadeur de l'International Delphic Council, et membre de l'Académie mondiale des arts et de la science et de l'Académie internationale de philosophie.

Barbara Marx Hubbard

Auteure prolifique et pédagogue, Barbara a écrit sept livres sur l'évolution sociale et planétaire. Elle a produit, animé et contribué à de nombreux documentaires qui ont été vus par des millions de personnes dans le monde.

En 1984, elle a été en nomination pour la vice-présidence du Parti démocrate des États-Unis. Elle a prôné un Salon de la paix dans le but d'explorer, de recenser et de communiquer ce qui fonctionne en Amérique et dans le monde. Elle est cofondatrice du World Future Society, de l'Association for Global New Thought et de la Foundation for Conscious Evolution.

Elle a écrit : *The Hunger of Eve: One Woman's Odyssey toward the Future*; *The Evolutionnary Journey: Your Guide to a Positive Future*; *Revelation : Our Crisis is a Birth – An Evolutionary Interpretation of the New Testament*; *Évolution consciente*; *Emergence: The Shift from Ego to Essence*; *52 Codes for Conscious Self Evolution* et *Birth 2012 and Beyond: Humanity's Great Shift to the Age of Conscious Evolution*.

Mona Polacca

Mona Polacca est une amérindienne havasupai, hopie et tewa affiliée aux Colorado River Indian Tribes of Parker, en Arizona. Porteuse de sagesse, elle est membre du Conseil international des 13 grands-mères indigènes, un regroupement de femmes représentant les cultures indigènes autour du monde préoccupées par la survie de la terre et des modes de vie autochtones. Le conseil a voyagé et présenté des conférences très importantes tout autour de la planète. Mona est aussi présentée dans les enseignements et les histoires rassemblées dans le livre *Les 13 grands-mères indigènes conseillent le monde*.

Michael A. Singer

Michael A. Singer est l'auteur du livre à succès du *New York Times L'Âme délivrée* et de *The Surrender Experiment*. Il a vécu un profond éveil en 1971 pendant qu'il travaillait à son doctorat en économie et s'est plongé dans la solitude pour se concentrer sur le yoga et la méditation. Le Temple de l'univers, qu'il a fondé en 1975, est un centre de yoga et de méditation où les gens de toutes les religions et croyances se rassemblent pour vivre la paix intérieure. Il est également le créateur d'un logiciel de pointe qui a transformé la gestion de l'industrie de la pratique médicale, et il est P.-D. G. d'une entreprise publique valant un milliard de dollars dont les réalisations sont archivées au Smithsonian Institution. Parallèlement à son enseignement sur la spiritualité depuis plus de quatre décennies, Michael a contribué de façon importante aux domaines des affaires, de l'éducation, des soins de santé et de la protection de l'environnement.

À propos de l'auteur

James O'Dea (www.jamesodea.com) est l'auteur de *The Conscious Activist, Cultivating Peace* et d'autres ouvrages acclamés. Il a été président de l'Institut des sciences noétiques à Washington DC, directeur du bureau d'Amnistie internationale et président directeur général de Seva Foundation. Il a œuvré avec le conseil des églises du Moyen-Orient à Beyrouth et il a vécu durant cinq ans en Turquie. Il a enseigné la consolidation de la paix à plus de 1 000 étudiants répartis dans 30 pays. Il a aussi joué le rôle de précurseur pour le rétablissement du dialogue social dans le monde. Membre du groupe Evolutionary Leaders et du comité consultatif de *The Peace Alliance and Kosmos Journal,* il a également agi de mentor auprès de futurs leaders. James est autant un activiste qu'un mystique.

ADA ÉDITIONS

www.ada-inc.com
info@ada-inc.com

www.facebook.com/EditionsAdA

www.twitter.com/EditionsAdA